SIGMUND FREUD

Stefan Blankertz | 1956 | »Wortmetz« | Lyrik und Politik *für* Toleranz und *gegen* Gewalt.
¡Warnung! Es befinden sich Dreckfehler in der Reinschrift.

Stefan Blankertz

Die Geburt der Gestalttherapie
aus dem Geiste der Psychoanalyse Sigmund Freuds

edition g.
402

ORIGINALAUSGABE
402 edition g.
Herstellung und Verlag:
BoD – Books on Demand, Norderstedt
© 2016 by Stefan Blankertz
Wollankstraße 133, 13187 Berlin
Alle Rechte vorbehalten
ISBN 978-3-7392-4835-6

INHALT

- 6 Hinweise zur Text-Entstehung
- 7 Aus meinem Traumtagebuch 1:
  Statt Vorwort
- 11 Die Geburt der Gestalttherapie
  aus dem Geiste der Psychoanalyse Sigmund Freuds
- 29 Aus meinem Traumtagebuch 2:
  2 Notizen
- 31 Freuds »Traumdeutung«,
  Königsweg zur Gestalttherapie
- 53 Aus meinem Traumtagebuch 3:
  »Träume sind der Königsweg ins Unbewusste«
- 55 »Traumdeutung«:
  Was zu beweisen wäre
- 79 Aus meinem Traumtagebuch 4:
  Ein Traum von Theodor W. Adorno
- 81 Wie barbarisch ist der Monotheismus?
  Freuds Mose-Studien
- 91 Aus meinem Traumtagebuch 5:
  Einladung zu »wilder« Deutung
- 121 Aus meinem Traumtagebuch 6:
  Statt Nachwort
- 123 Personenregister

HINWEISE
ZUR TEXT-ENTSTEHUNG

1

Ein »Traumtagebuch« führte ich parallel zur (Re-)Lektüre von Freuds »*Traumdeutung*«, schwerpunktmäßig im Herbst 2014. Ich danke meiner Frau, Gabriele, dass sie mit der Veröffentlichung einverstanden ist.

2

»Die Gebut der Gestalttherapie aus dem Geiste der Psychoanalyse Sigmund Freuds« basiert auf einem Vortrag, den ich am 23. 01. 2015 im »Berliner Gestaltsalon« gehalten habe zum Auftakt unseres »Freud-Jahres«. Der Abschnitt über Franz Werfel ist ein Teil eines Kommentares, den ich für »eigentümlich frei«, online, Ende 2015 verfasste. Er ersetzt hier die Beschäftigung mit dem Roman »*Der Krieg am Ende der Welt*« (1988) von Mario Vargas Llosa, auf den ich bereits in »*Katastrophe der Befreiung: Faschismus und Demokratie*«, Berlin ²2015, edition g. 107, eingegangen bin.

3

»Freuds Traumdeutung, Königsweg zur Gestalttherapie« enthält einen Vortrag vom 11. 09. 2015 auf der Tagung der Gestalt-Institute Köln & Kassel in Wuppertal. Das Material stammt, wie das der übrigen Texte, aus dem Blog, den ich auf der Seite des »Berliner Gestaltsalons« das Jahr 2015 über schrieb. Einige Passagen von »Wie barbarisch ist der Monotheismus? Freuds Mose-Studien« mopste ich aus »*Minimalinvasiv*«, Berlin ²2015, edition g. 101.

AUS MEINEM TRAUMTAGEBUCH I
STATT VORWORT

20. 12. 2015

Mitten im Satz beginnt der Traum: »... glaubst du etwa, die Indios seien nicht gewaltsam umgekommen[240]?« Szene: An einer Klippe hängen Menschen vor einem Geländer, Frauen, Kinder, Männer, junge, alte, die Gesichter schmerzverzerrt. Ab und zu fällt einer, der sich nicht mehr zu halten vermag. Manche schreien. Manche jammern. Mancher fällt still. Auf einer Balustrade sieht das Herrscherehepaar (¿Aussehen wie die Assads?) dem Treiben (sic!) zu und macht sich über die Schreienden lustig; beschwert sich über sie und deren Feigheit, deren Mangel an Disziplin. Da muss etwas geschehen, denkt die Person des Erzählers, die ich sein könnte. Wenn das Ehepaar stirbt, übernimmt ihr Sohn die Farm und der ist in Ordnung. Oder war es eine Verschwörung, mit mehreren Beteiligten? Der Erzähler müht sich, gleichsam aus dem Off, den Herrschern einen Tritt in den Hintern zu verabreichen. Beim ersten Mal klappt es nicht, doch ein zweiter Tritt erreicht sein Ziel, und sie stürzen über die Reling in den Tod. Der Sohn rettet die Überlebenden. Nicht bloß das, er verkündet auch das Ende der Sklaverei. Allerdings stößt (!) das bei den nicht versklavten Arbeitern auf eine tiefe Skepsis. Der Traum endet mit der Vorbereitung des Sohns zu einer Rede, die das Ende der Sklaverei begründet. Sie wird ihr Ziel sicherlich erreichen.

240 Statt durchgestrichenem »gestorben«. | Die *fast* letzte Eintragung in mein Traumtagebuch, als das vorliegende »Dossier« bereits weit gediehen war. Darum diese (a)chronologische Zählung der Fußnoten; s.a. S. 29.

Im Halbschlaf Analyse des Traumes. Die Wunscherfüllung, die Freud einem jeden Traum zuschrieb,[241] wo steckt[242] sie? Ah, klaro, in der Omnipotenzfantasie. Die Gewalttätigkeit, die die Grausamkeit beendet, geschieht *fast* beiläufig [!] und ist moralisch nach jedem denkbaren Maßstab gerechtfertigt. Auf gerade dieser Ebene erfüllt der Traum auch noch einen weiteren Wunsch. Er kann unproblematisch veröffentlicht werden. Er ist nicht peinlich – weder für den Träumenden noch für jemand anderen. Ein (manifester) sexueller Inhalt ließe sich allenphalls in der Omnipotenzfantasie erkennen, der Stelle, wo der Traum im Dunklen verschwindet.[243] Doch der Volksmund (!) hat die Omnipotenzfantasie erfolgreich von ihrem sexuellen Inhalt abgekoppelt. Also. Keine Gefahr nirgends.
Und dann noch ein Gedanke, der das Herrscherpaar betrifft. Widerlegung des jugendlichen Traumas, Frauen seien die besseren Menschen und der Brutalität nicht fähig.
Ein zweiter Traum spielt in einem großen Konferenzsaal,[244] Tische in U-Form, viele Teilnehmer. Einer (V.?) sagt, es sei erwiesen, dass die Entscheidungen einer Bürokratie meist identisch ausfielen mit den Ergebnissen, die bei freiwilliger Interaktion entstünden, die Libertären sollten sich nicht so haben, da gäbe es keine Probleme. Ich will antworten. Nach einigem Hin und Her, weil jemandem Anderen zuerst das Wort erteilt wird, der jedoch verzichtet, soll ich sprechen. Aber die Teilnehmer quatschen untereinander; es ist zu laut, man hört mich nicht. Es wird beschlossen, eine kurze Pause einzulegen. In der Pause gehe ich über einen sonnigen Weg und mache mir Gedanken über die Antwort, ich berede sie mit jemandem; bald wird die Konferenz weitergehen und ich habe eine gute Antwort.

241 Siehe unten Seite 68f; *fast* auf S. 69, ¿welch ein Zufall!
242 Durchgestrichenes »ist« überschrieben.
243 Vgl. das Freud-Zitat unten auf S. 37 (Fn. 067).

Freud sagt, alle Träume einer Nacht seien aus einem Stück, folgten dem gleichen Traumgedanken.[245] Wo könnte dieser zweite, harmlose, mit dem brutalen, ersten, einen gemeinsamen Traumgedanken haben? Erfolg? Omnipotenzfantasie? Diese Träume müssen an den Anfang des Buches, sie sind für *das* Buch geträumt. Dann müssen es, natürlich (!), 6 Kapitel »aus meinem Traumtagebuch« werden. Idee mit der leeren Seite am Schluss.

---

244 Szenen aus Konferenzen, Seminaren und Vorträgen sind wiederholte Motive in meinen Träumen, vgl. unten etwa S. 96f, 101f, 112, 114f.
245 Siehe unten S. 76f. ¿Das Ganze sei mehr als die Summe seiner Teile?

⏑⏑—|⏑⏑—|⏑⏑—
⏑⏑—|⏑⏑—|⏑^^||⏑⏑—|⏑^—|⏑^—

DIE GEBURT DER GESTALTTHERAPIE
AUS DEM GEISTE DER PSYCHOANALYSE SIGMUND FREUDS

1

Ist die Psychoanalyse, in ihrer ursprünglichen Formulierung durch Sigmund Freud, überhaupt noch aktuell? Nicht längst überholt, sowohl durch neue wissenschaftliche Erkenntnisse als auch durch gesellschaftliche Entwicklungen, die ihre Unzulänglichkeit erweisen? Ich werde zeigen, *dass* sie aktuell, mehr noch: *brisant* ist. Dies erweist sich in ihrer Fähigkeit, erschreckende Ereignisse der jüngsten Zeit zu erklären, das Versinken des vorderen Orients in Krieg und in Terror, die Wiederkunft des gewalttätigen religimösen Fanatismus, die Hilflosigkeit in der vielgerühmten »westlichen Welt« (gar das »Abendland« wird wieder bemüht), die Faszination der Gewalt. Freuds Aktualität bezogen auf solch erschreckende Ereignisse ist brisant, weil sie weder in einer einfachen Bestätigung der Richtigkeit westlicher Politik mündet, noch einen andren einfachen politischen Populismus präsentiert.

2

Die Gestalttherapie kommt ins Spiel, weil sie als gleichsam illegitimes Kind der Psychoanalyse was von der Ungezogenheit und Sperrigkeit gegenüber den wie selbstverständlich akzeptierten, krankmachenden Bedingungen einer überregulierten »organisierten Gesellschaft«[001] bewahrt hat. Die Besinnung auf Freud & die Entwicklung der ursprüng-

---

[001] »Organisierte Gesellschaft« ist ein Begriff von Paul Goodman (1960: »*Growing Up Absurd: Problems of Youth in the Organized Society*«), der teilweise auch mit »verwaltete Welt« übersetzt wurde.

lichen Gestalttherapie ist keine historische Fingerübung. Er steht, wie die Bemerkungen am Anfang deutlich machen, im Dienst an der psychologischen Aufklärung gegenwärtiger sozialer Probleme. Aktuell bleibt insbesondere Freuds 1930 formulierte Theorie von einem »*Unbehagen in der Kultur*«. Die Triebversagung – Verweigerung der Befriedigung von Bedürfnissen –, welche die »organisierte Gesellschaft« anscheinend notwendig verlangt, führe zu einem Unbehagen, das sich in masochistischen – selbst-zerstörerischen – oder sadistischen – andere verletzenden – Akten Bahn bricht, sei es im Alltag, sei es auf der Bühne der Politik.

3

»*Das Unbehagen in der Kultur*«, den ersten Weltkrieg und die russische Oktoberrevolution mit den unvorstellbaren Grausamkeiten im Rücken, die Machtübergabe[002] an die Nationalsozialisten und den zweiten Weltkrieg im Anzug, endet Freud mit der Feststellung: »Die Schicksalsfrage der Menschenart scheint mir zu sein, ob und in welchem Maße es ihrer Kulturentwicklung gelingen wird, der Störung des Zusammenlebens durch den menschlichen Aggressions- und Selbstvernichtungstrieb Herr zu werden.«[003] Ich lese diese Zeilen mit Erschütterung und Gänsehaut. Klingen sie denn nicht, als seien sie eben im Hinblick auf die jüngsten Ereignisse geäußert worden? Gleichwohl haben jene Zeilen etwas Vertrautes und Beruhigendes. Sie setzen die »Kulturentwicklung« zum »Aggressions- und Selbstvernichtungs-

---

002 »Machtergreifung« ist eine Selbststilisierung der Nationalsozialisten als Revolutionäre, die allzu gerne beibehalten wurde nach deren Niederlage, weil sie die Demokratie von der Barbarei freizusprechen schien. In Wahrheit wurde den Nationalsozialisten die Macht demokratisch übergeben. Vgl. Stefan Blankertz, *Die Katastrophe der Befreiung: Faschismus und Demokratie*, Berlin ²2015 (edition g. 107).
003 Sigmund Freud, *Das Unbehagen in der Kultur* (1930), zit. n. Studienausgabe, Frankfurt/M. 2000, im Band 9, S. 270.
004 Ebd., S. 240f.

trieb« in einen klaren Gegensatz. Damit mögen wir uns bestätigt fühlen, dass »wir« kultiviert sind, die Gewalttäter dagegen kulturlose Barbaren. All ihren Mühen zum Trotz habe die »Kulturbestrebung« bisher nicht sehr viel erreicht, die »grausame Aggression« durch »Nächstenliebe« zu ersetzen, heißt es an anderer Stelle.[004] Eine erste Beunruhigung will uns beschleichen angesichts der Aufzählung (oder der Gleichsetzung?) von dem »Aggressions-« mit dem »Selbstvernichtungstrieb«. Aggressiv sind die bösen Feinde, die sich nicht den Regeln der Kulturnationen unterwerfen; wer um Gottes Willen hat jedoch einen »Selbstvernichtungstrieb«? Wir etwa? Die Feinde etwa?

4

Noch beunruhigender tönt es einige Zeilen vor der soeben zitierten Passage aus Freuds »Unbehagen in der Kultur«: »Ich kann wenigstens ohne Entrüstung den Kritiker[005] anhören, der meint, wenn man die Ziele der Kulturstrebung und die Mittel, deren sie sich bedient, ins Auge fasst, müsse man zu dem Schlusse kommen, die ganze Anstrengung sei nicht der Mühe wert und das Ergebnis könne nur ein Zustand sein, den der Einzelne unerträglich finden muss.«[006] Hier ist nichts mehr zu finden von einer klaren Entgegensetzung zwischen Kultur und »Barbarei«.[007] Die Kultur erheischt eine Kritik, weil sie zu einem für den Einzelnen unerträglichen Zustand führt. Diese Kritik fügt sich zu Freuds Einsicht, »in welchem Ausmaß die Kultur auf Triebverzicht

005 Meiner Vermutung nach ist an dieser Stelle Wilhelm Reich gemeint; so sah es jedenfalls auch Reich selber, wie er 1952 Kurt Eissler sagte, vgl. *Reich speaks of Freud*, New York 1967, S. 44. »*Das Unbehagen in der Kultur* was written specifically in response to one of my lectures in Freud's home.«
006 Sigmund Freud, *Das Unbehagen in der Kultur*, ebd., S. 269.
007 »Barbarei« sperre ich in Anführungszeichen mit Hinblick auf Peter Kropotkins Einwurf, die Barbaren seien weit weniger »barbarisch« gewesen als viele ihrer zivilisierten Kritiker (cf. *Mutual Aid*, 1902). Freud und nach ihm Adorno übernahmen den Begriff gedankenlos, leider.

aufgebaut ist«,⁰⁰⁸ darauf aufbaut, was Freud »diese Kulturversagung«⁰⁰⁹ nennt. Freud ist nicht einverstanden mit der Schlussfolgerung jenes ungenannten Kritikers, die Kulturstrebung über Bord zu werfen; die Grundlage seiner Kritik bezweifelt er nicht; er hat sie ihm geliefert.

5

Bei »Triebverzicht« denkt mann, gerade wenn es um Freud sich dreht, spontan an die Sexualität. Der Standardeinwand lautet, seit Freud haben sich die gesellschaftlichen Sitten und Werte gewandelt, das Problem heute sei nicht Unterdrückung der Sexualität, vielmehr eher zu große sexuelle Freizügigkeit. Keiner, der die Fallgeschichten von Freud und besonders von Wilhelm Reich liest, kann umhin, den Fortschritt der sexuellen Befreiung zu bewundern, den wir im Wesentlichen der Psychoanalyse zu verdanken haben. Dennoch haben sich die Versprechen nicht bewahrheitet, welche die Psychoanalyse an die sexuelle Befreiung knüpfte – ein besseres, friedlicheres Sozialleben mit weniger Neurosen und anderen psychischen Problemen herbeizuführen. Schon 1951 schrieb Paul Goodman im Buch »*Gestalt Therapy*«, dem Gründungsdokument der Gestalttherapie: »Die quantittetive Zunahme an ziemlich uneingeschränkter Sexualität [wird] von abnehmender Erregung und Tiefe der Lust begleitet.« Und fragte beunruhigt: »Warum gibt es weniger Befriedigung usw.?«⁰¹⁰ Es geht also nicht darum zu sagen, Freud habe sich geirrt, mann müsse halt umkehren in die gute alte Zeit, in welcher Disziplin, Selbstbeherrschung und

---

008 Sigmund Freud, *Das Unbehagen in der Kultur* (1930), zit. n. Studienausgabe, Frankfurt/M. 2000, im Band 9, S. 227.
009 Ebd., S. 227.
010 Zit. n. S. Blankertz, *Gestalttherapie Essentials*, Wuppertal 2012, S. 53.
011 Sigmund Freud, *Das Unbehagen in der Kultur* (1930), zit. n. Studienausgabe, Frankfurt/M. 2000, im Band 9, S. 243.
012 »Unglückliches Bewusstsein«, ein Begriff, den Herbert Marcuse von

Keuschheit zentrale Werte eines gesitteten Charakters darstellten. Vielmehr scheint Freud etwas übersehen zu haben: einen Mechanismus, der die »befreite« Sexualität daran hindert, sich sozial und individuell wohltuend in dem Maße auszuwirken, wie es zu erwarten war. Den Mechanismus der Hemmung macht die Gestalttherapie bei der Hemmung der Aggression aus; sie formuliert eine besondere und dem Mainstream widersprechende Theorie positiver Aggression. Hiermit schließt sie enger an Freud an als bislang vermutet.

6

Bereits nach Freud ist es nicht bloß die Sexualität, *sondern auch* die Aggressivität, die der »Kulturversagung« unterliegt. »Wenn die Kultur nicht allein der Sexualität, sondern auch der Aggressionsneigung des Menschen so große Opfer auferlegt, so verstehen wir es besser, dass es dem Menschen schwer wird, sich in ihr beglückt zu finden.«[011] Damit ist präzisiert, warum es *keine* klare Entgegensetzung von Kultur und »Barbarei« oder Gewalt gibt. Wie notwendig oder zumindest wünschenswert die gesellschaftliche Aggressionshemmung auch sein mag, sie erzeugt ein unglückliches Bewusstsein.[012] Aus diesem ergibt sich erneute Aggression, etwa als Ressentiment, als Selbstzerstörung oder als scheinbar sinnlose Lust an der Gewalt, gar an deren Exzessen.

7

Was ist die »Aggressionsneigung« oder der »Aggressionstrieb«?[013] Freud meint, »dass sich ein Anteil des [Todes-]

G. W. F. Hegel übernommen hat: Bei Hegel kennzeichnet jenes den Selbstwiderspruch des Skeptizismus, bei Marcuse Verzweiflung über den Widerspruch zwischen dem rational-befreienden Anspruch der Gesellschaft und dem individuellen Gefühl des Unbefriedigtseins.
013 Freud scheint diese Begriffe synonym zu verwenden. Man kann ihm das als eine begriffliche Unsauberkeit anlasten oder darin lesen, dass er mit »Trieb« keine Kategorie biologischer Notwendigkeit aufmacht.

Triebes[014] gegen die Außenwelt« wende und sodann als ein »Trieb zur Aggression und Destruktion zum Vorschein« komme. Auf solch eine Weise werde der Todestrieb dadurch »in den Dienst des Eros gezwängt«, dass »das Lebewesen anderes, Belebtes wie Unbelebtes, statt seines eigenen Selbst vernichtet«. Aber umgekehrt steigere »die Einschränkung dieser Aggression nach außen die ohnehin immer vor sich gehende Selbstzerstörung«.[015]

Zunächst scheint Freud hier kein »eigentliches«, kein sinnvolles, kein organisches, kein natürliches Ziel der Aggression anzunehmen. Die »Lust« in der Aggression[016] ist Ausdruck des libidinösen Anteils; Lust kann kein Ziel des Aggressionstriebs sein. »An jeder Triebäußerung« ist »Libido beteiligt, aber nicht alles an ihr« muss »Libido« sein.[017]

Auch wenn Freud in dieser Passage nicht klärt, was das Ziel der Aggression sei, stellt er ein durchaus problematisches Verhältnis dar zwischen der individuellen Aggression sowie der kollektiven Aggression, die die individuelle Aggression hemmt. Eine für die Gestalttherapie prägende Formel findet sich schon bei Freud, nämlich »dass jedes Stück Aggression, dessen Befriedigung wir unterlassen, vom Über-Ich übernommen« werde »und dessen Aggression (gegen das Ich) steigert«.[018] 1938 – man beachte das Jahr – hielt Laura Perls in ihrem Johannesburger Exil einen Vortrag zum Thema *Erziehung zum Frieden*. Darin sagte sie, was eine Freud-Paraphrase ist, »dass die Verdrängung der individuellen Aggression unweigerlich zu einem Anstieg der universellen Aggression führt«.[019]

---

014 Zum Todestrieb vgl. unten S. 18. – »Thanatos« (der griechische Gott des sanften Todes) ist übrigens keine Namensgebung von Freud, sondern von Wilhelm Stekel.
015 Sigmund Freud, *Das Unbehagen in der Kultur* (1930), ebd., S. 247.
016 »Aggressionslust«, Sigmund Freud, ebd., S. 250.
017 Ebd., S. 248.
018 Ebd., S. 255.

8

Die uns beruhigende anfängliche Unterstellung, dass die barbarische individuelle Aggression oder diejenige von unzivilisierten, eventuell fanatischen Kleingruppen durch die Kultur gebändigt werden müsse oder auch nur könne, gerät immer mehr ins Wanken. Steht denn nach Freud aber nicht fest, dass die völlige Hemmung der Aggression wenigstens erstrebenswert wäre? Nein. Schlicht und ergreifend: Nein. Der Aggressions- und gar Destruktionstrieb ist »unerlässlich« wie der Eros. »So ist z. B. der Selbsterhaltungstrieb gewiss erotischer [libidinöser] Natur, aber grade er bedarf der Verfügung über die Aggression, wenn er seine Absicht durchsetzen soll. Ebenso benötigt der auf Objekte gerichtete Liebestrieb eines Zusatzes vom Bemächtigungstrieb, wenn er seines Objektes überhaupt habhaft werden soll.«[020] Deshalb »handelt es sich [...] nicht darum, die menschliche Aggressionsneigung völlig zu beseitigen«.[021]
Dies nun ist die zentrale Aussage der gestalttherapeutischen Aggressionstheorie und sie steht so wortwörtlich bei Freud; wohlgemerkt nicht in »*Das Unbehagen in der Kultur*«, sondern zwei Jahre danach, 1932, in dem langen Brief an Albert Einstein. Er hatte Freud gebeten, die Frage zu beantworten: »*Warum Krieg?*«
Im Buch »*Gestalt Therapy*« von 1951 heißt es: »Vernichten, Zertrümmern, Antrieb und Wut sind Funktionen guten Kontakts, für jeden Organismus notwendig, um in einem schwierigen Feld sich zu nähren und zu schützen und Spaß zu haben.«[022]

---

019 Zit. nach Stefan Blankertz, *Gestalttherapie Essentials*, Wuppertal 2012, S. 120.
020 Sigmund Freud, *Warum Krieg?* (1932), zit. n. Studienausgabe, Frankfurt/M. 2000, im Band 9, S. 281.
021 Ebd., S. 283.
022 Zit. nach Stefan Blankertz, *Gestalttherapie Essentials*, Wuppertal 2012, S. 77.

9

Mit dem Aggressionstrieb, wie Freud ihn fasst, sind wir jedoch noch nicht fertig. Immer wieder assoziierte er ihn mit Destruktion und Selbstzerstörung, stellt er eine Beziehung zu einem ominösen »Todestrieb« her. Bei Freud hat der Destruktions-, Selbstzerstörungs- oder Todestrieb »das Bestreben«, das Leben »zum Zerfall zu bringen«, es »zum Zustand der unbelebten Materie zurückzuführen«.[023] Den Grundstein dieser Vorstellung legte Freud mit »*Jenseits des Lustprinzips*« von 1920, also kurz nach dem ersten Weltkrieg. Es ist Freuds düsterstes Stück; gegen »*Jenseits des Lustprinzips*« klingt »*Das Unbehagen in der Kultur*« heiter, geradezu von überschäumendem Optimismus geprägt. Das Leben sei entstanden, so lesen wir es in »*Jenseits des Lustprinzips*«, durch »unvorstellbare Krafteinwirkung« auf die »unbelebte Materie«;[024] gleichsam eine »Störung« der Ruhe[025] stelle das Leben dar. Den Todeswunsch bezeichnet Freud jetzt als den »ersten [ursprünglichen] Trieb«; der Lebenstrieb sei bloß infolge einer Umlenkung des Todeswunsches nach Außen denkbar, also einer Umlenkung des Todestriebs in den Aggressions- und Destruktionstrieb. Im »Prozess der Kulturentwicklung«[026] werde dieser dann erneut »verinnerlicht«.

10

Wenn man Leben will, Krieg und andere Selbstzerstörungen vermeiden, gilt es, spinnt Freud den Gedanken aus »*Jenseits*

---

023 Sigmund Freud, *Warum Krieg?* (1932), zit. n. Studienausgabe, Frankfurt/M. 2000, im Band 9, S. 282.
024 Sigmund Freud, *Jenseits des Lustprinzips* (1920), zit. n. Studienausgabe, Frankfurt/M. 2000, im Band 3, S. 248.
025 Ebd., S. 246.
026 Sigmund Freud, *Warum Krieg?* (1932), ebd., S. 285.
027 Sigmund Freud, *Das Unbehagen in der Kultur* (1930), zit. n. Studienausgabe, Frankfurt/M. 2000, im Band 9, S. 270.

des Lustprinzips« in »*Das Unbehagen in der Kultur*« und »*Warum Krieg?*« weiter, den Destruktionstrieb so stark wie möglich abzumildern, umzulenken, seiner im Prozess der Kulturentwicklung »Herr zu werden«;[027] das allerdings ist eine Formulierung, die – gestalttherapeutisch gelesen – eine aggressive Komponente im Prozess der Kulturentwicklung verrät. »Diesem Prozess verdanken wir das Beste, was wir geworden sind, und ein gut [!?] Teil von dem, woran wir leiden.«[028] »Die Verinnerlichung der Aggressionsneigung« durch Kultur hat nach Freud sowohl »vorteilhafte« als auch »gefährliche Folgen«.[029]

11

Dennoch taucht immer wieder auch diese beschwichtigende Formel in dem Text auf: »Alles, was die Kulturentwicklung fördert, arbeitet auch gegen den Krieg.«[030] Woher nimmt er den Optimismus?
Beständig ringt Freud mit dem Widerspruch zwischen *einerseits* der einfachen Konfrontation von individuell aggressiver Barbarei mit kollektiver Hemmung der Aggression durch die Kultur sowie *andererseits* der Einsicht, dass die Kultur selber den Keim einer Barbarei auf einer höheren, organisierten Stufe in sich trägt. Er entschuldigt sich bei den Lesern, »dass er ihnen kein geschickter Führer gewesen« sei,[031] und Albert Einstein: »Sie sehen, es kommt nicht viel dabei heraus, wenn man bei dringenden praktischen Aufgaben den weltfremden Theoretiker zu Rate zieht.«[032]

028 Sigmund Freud, *Warum Krieg?* (1932), zit. n. Studienausgabe, Frankfurt/M. 2000, im Band 9, S. 285.
029 Ebd., S. 286.
030 Ebd., S. 286.
031 Sigmund Freud, *Das Unbehagen in der Kultur* (1930), zit. n. Studienausgabe, Frankfurt/M. 2000, im Band 9, S. 260.
032 Sigmund Freud, *Warum Krieg?* (1932), zit. n. Studienausgabe, Frankfurt/M. 2000, im Band 9, S. 284.

12

Man kann bei diesem Widerspruch zwischen unkritischer Verherrlichung der Kultur und ihrer Verdammung als die Grundlage eines Rückfalls in Barbarei nicht stehen bleiben. Die einen haben ganz auf die Seite der Kulturentwicklung sich geschlagen, die es gegen die »Barbarei« zu bewahren gelte. Was aber, wenn diese Kulturentwicklung die Barbarei in sich birgt, auf einer höheren Stufe? Freud ist sich sicher »dass die Menschheit zahlreiche, ja unaufhörliche Kleinkriege gegen seltene, aber um so mehr verheerende Großkriege eintauschte«.[033] Das religiöse Ziel universeller Liebe (und damit endgültigen Friedens) stellt sich nach Freud als bloße Illusion, gar als Ideologie dar: »Es ist immer möglich, eine größere Menge von Menschen in Liebe aneinander zu binden, wenn nur Andere für die Äußerung der Aggression übrig bleiben.«[034] Kultur überwindet nicht die Funktion von Sündenböcken, sondern braucht sie zur Sicherung inneren Zusammenhalts. – In *Gestalt Therapy* heißt das dann so: »Die auffälligsten Leiden, die unsere Epoche am meisten kennzeichnen, sind Gewalt und Zahmheit. Es gibt Staatsfeinde und zwischenstaatliche Kriege, die in Ausmaß, Intensität und Atmosphäre des Schreckens unglaublich sind; und gleichzeitig herrscht ein bisher nie dagewesener ziviler Frieden mit einer fast völligen Unterdrückung persönlicher Ausbrüche, begleitet von neurotischem Verlust an Kontakt, gegen das Selbst gerichteter Feindseligkeit und den körperlichen Symptomen von verdrängter Wut (Geschwüre, Karies usw.).«[035] N.B.: Zahmheit als Leiden.

---

033 Ebd., S. 279.
034 Sigmund Freud, *Das Unbehagen in der Kultur* (1930), zit. n. Studienausgabe, Frankfurt/M. 2000, im Band 9, S. 243.
035 Zit. n. S. Blankertz, *Gestalttherapie Essentials*, Wuppertal 2012, S. 55.
036 Im Gegensatz zu einem verbreiteten Eindruck sind die protostaatlichen Kalifate oder auch die Herrschaft der Taliban in Afghanistan 1996-2001 nicht ohne historische Vorbilder; die von maoistischen und anderen

13

1945, zwei Tage vor seinem Tod, beendete Franz Werfel im amerikanischen Exil den Roman »*Stern der Ungeborenen*«. Unterm Eindruck des Islamischen Staats in Syrien und Irak sowie »Boko Haram« in Nigeria,[036] gelesen auf der Folie des »*Unbehagens in der Kultur*« stellt sich Beklemmung ein.
Der Erzähler wird in eine zukünftige Welt zitiert, hunderttausend Jahre »weiter«. Man schreibt das Jahr 101 945.[037] Er steht dort in der Kluft als Soldat des ersten Weltkriegs; sein ebenfalls wiedergeborener Freund, der diese Welt freilich länger kennt, nimmt ihn in Empfang. Langsam wird klar, wer den Erzähler herbeizitierte und weshalb: Er ist die Attraktion einer Hochzeit. Die Menschen dieser Welt sind in einer radikalen Weise befriedet. Es gibt ein Denkmal des Letzten Krieges. Streit, Konflikt, ja jedes laute Wort, körperliche Gewalt sowieso – sind verbannt. Nahrung wird nicht mehr gekaut, sondern nur in konzentrierter, flüssiger Form zu sich genommen. Selbst das Sitzen gilt, der gebrochenen Körperlinie wegen, als aggressiv. Man steht oder liegt. Die Menschen altern nicht und sterben nicht. Wenn sie nach hunderten von Jahren lebensmüde sind, begeben sie sich in den »Wintergarten«, wo sie nach zahlreichen Prüfungen *freiwillig* sich ins Nichts auflösen.
Der Bräutigam, zu dessen Feier der Erzähler zitiert wurde, stellt sich als Mitglied einer merkwürdigen Gruppe heraus, der Waffensammler. Sie beschäftigen sich mit historischen Waffen, wissen alles über den Krieg, auch wenn sie die lange verflossenen Zeiten durcheinander bringen, etwa zwischen

---

linken Guerilla- und nationalen Unabhängigkeitsbewegungen ›befreiten‹ Gebiete, die Herrschaft Pol Pots in Kambodscha, die Operationen des »Leuchtenden Pfads« in Peru usw. während der 1960er bis 1980er Jahre wiesen – trotz ihrer anderen ideologischen Ausrichtungen – ganz ähnliche Strukturen auf.
037 Franz Werfel, *Stern oder Ungeborenen: Ein Reiseroman* (1945), Frankfurt/M. 1992. Die Zitate auf der nächsten Seite: S. 114, 559f, 673ff.

Ritterheeren und erstem Weltkrieg keine so große Differenz zu sehen vermögen. Der Erzähler, der am ersten Weltkrieg als Soldat teilnahm, ist für den Bräutigam aufgrund seiner Erfahrung ein wertvoller Zeitzeuge. Bei einer Diskussion über »Kriege der Urzeit« gerät der Bräutigam in Ekstase, und er fragt den Erzähler mit »wollüstig poetischem Ton«: »Und wie ist das, Seigneur, wenn der eigene blanke Stahl in den Leib des Gegners dringt [!], und wenn der Blutquell hervorspritzt [!] in rotem Bogen?« *(¡O Freud, lass nach!)*
Im weiteren Verlauf seines Aufenthalts erfährt der Erzähler, dass es außerhalb dieser be- und eingefriedeten Zivilisation den Dschungel gibt, wo Barbaren in der althergebrachten Weise leben, leiden, lieben, kämpfen, sterben, Menschen, die der Schönen Neuen Welt den Rücken gekehrt haben. Die Zivilisierten betrachten den Dschungel zwar mit Abscheu, es gibt aber ein gewisses Übereinkommen, einander in Ruhe zu lassen. Den Waffensammlern um den Bräutigam ist das ein Dorn im Auge, sie wollen Krieg gegen den Dschungel. Als die Braut in den Dschungel flüchtet, löst der Bräutigam durch ein Attentat tatsächlich den Krieg aus. Der General des Dschungels, militärisch eigentlich in völlig aussichtsloser Lage, hat sich allerdings gut vorbereitet. Man schießt »mit Depression und Melancholien«. Es ist aber nicht der Wahnsinn, der verwundet, sondern der »Wahrsinn«: »Wirst du von einer solchen sechsundzwanzigkalibrigen Selbstanalyse getroffen, dann hilft dir kein Opiat mehr. Sie schießen mit entsetzlichen Ernüchterungen.« Die Zivilisation hält dem Angriff nicht stand, sie löst sich auf. Die Medien preisen nun den Dschungel. Allerdings ist der Sieg des Dschungels nicht die große Befreiung. »Jubel herrschte, nicht etwa, weil das Leben besser zu werden versprach, sondern weil die Herrschaft der Hochnäsigen gebrochen zu sein schien.«
Dieser Roman faszinierte mich bereits als Jugendlicher. Darum fiel es auf fruchtbaren Boden, als ich später las, dass die

Psychoanalytiker Laura und Fritz Perls in den 1940er Jahren den Übergang von flüssiger zu fester Nahrung als wichtigen Entwicklungsschritt des Kindes beschrieben und wesentliche psychische Störungen einer »Beißhemmung« (oder, psychoanalytisch gesagt: einem »oralen Widerstand«) anlasteten. Als sie mit Paul Goodman dann die Gestalttherapie entwickelten, lautete ein zentraler Gedanke: Die Leiden der Epoche heißen *Zahmheit* und *Gewalt*.[038a]

Das alles erwächst natürlich Sigmund Freuds Theorie: Die Kontrolle der aggressiven Impulse der Individuen durch die Gesellschaft erfordert eine kollektive Aggression, die krank, apathisch, depressiv macht, vereinzelt jedoch zu scheinbar unbegreiflichen Gewaltausbrüchen führt. Das macht das *»Unbehagen in der Kultur«* aus. Und da draußen lauert der Dschungel, wo die Gewalt allkläglich und handgemacht ist. Die zivilisierte Welt reagiert einerseits mit Schreckstarre, mit Appeasement, mit Verständnis, andererseits mit kalter, aggressionsfreier Bürokratie, mit Drohnen oder sonstigen Maßnahmen, die, je entfernter, kontakt- und gesichtsloser sie sind, als um so moralischer gelten. Andererseits zieht es tausende von uns Wohlstandskindern dahin, selbst Hand anzulegen, auf welcher Seite auch immer. Eine Schwangere im Krankenhaus während der Entbindung zu erschießen, ist barbarisch. Die Bombardierung eines Krankenhauses als Kollateralschaden einer von der »internationalen Staatengemeinschaft« ausgeführten Friedensmission ist zivilisiert, »ist« der Preis für die Durchsetzung des Friedens und des Rechts. Im Kampf gegen den Terror werden aber auch im Falle des Islamischen Staats mehr Opfer zu beklagen sein, als dieser Protostaat in der Lage ist, selber zu erzeugen.

Wer Frieden wolle, sagte Goodman, der müsse ihn führen wie einen Krieg *(»waging peace«)*,[038b] also erkämpfen, um

038a Vgl. oben S. 20.
038b 1961, zit. n. *Einmischung*, Bergisch Gladbach 2011, S. 23.

das Unbehagen in der Kultur zu vermaiden. Wie das gehen soll, wissen wir noch nicht. Aber es lohnt mehr sich, sich darüber Gedanken zu machen, als im Trott der eingefahrenen Bahnen fortzufahren, obwohl doch fest steht, wo dies hinführt, nicht erst in hunderttausend Jahren.

14

Wenn demnach die naive Dichotomie Kultur *versus* Barbarei nicht aufrecht erhalten werden kann, gibt es auf der anderen Seite, um nicht der Verzweiflung Freuds anheim zu fallen, Wilhelm Reich, jenen Kritiker, »der meint, wenn man die Ziele der Kulturstrebung und die Mittel, deren sie sich bedient, ins Auge fasst, müsse man zu dem Schlusse kommen, die ganze Anstrengung sei nicht der Mühe wert und das Ergebnis könne nur ein Zustand sein, den der Einzelne unerträglich finden muss«.⁰³⁹ Reich verneinte die Existenz des ursprünglichen Todestriebes und ging, kurz gefasst, davon aus, dass die befreiten Es-Triebe des Einzelnen sich sozial ohne weiteres zu einem harmonischen Ganzen fügen.

In »*Gestalt Therapy*« führt Goodman die Kritik von Reich am Freudschen Todestrieb fort und nutzt ebenso Reichs Konzept einer organismischen Selbstregulierung. Dennoch gibt es auch eine kritische Bezugnahme auf Freud selber: »Die Theoretiker [wie zum Beispiel Reich], die meinten, die zugrundeliegenden Triebe seien immer ›gut‹ und ›sozial‹, sind zu weit gegangen. Freud nahm diesen feindseligen, tatsächlich sozialzerstörerischen Kern sehr ernst. [...] Wenn unsere modernen Wächter geistiger Gesundheit finden, das, was sie freisetzen, sei gleichbleibend gut und nicht antisozial und darum bräuchten sie keinem Widerstand in der liberalen und toleranten Bevölkerung zu begegnen, dann kommt das einfach daher, dass sie Schlachten schlagen, die in der Hauptsache schon gewonnen sind. Mit Aggression befasste Psychotherapie dagegen ist gesellschaftlich riskant.

Dies sollte offensichtlich sein, da der gesellschaftliche Druck die organismische Selbstregulation nicht so deformiert [*sic*], dass sie bloß noch ›gut‹ und ›nicht anti-sozial‹ ist, wenn sie nur richtig verstanden und auf die akzeptierte Weise ausgedrückt wird; die Gesellschaft verbietet das, was für sie zerstörerisch ist. Bei dieser Aussage handelt es sich nicht um ein semantisches Missverständnis, sondern um einen echten Konflikt.«[040]

15

Die drei letzteren Sätze Schritt für Schritt durchgegangen: 1. Organismische Selbstregulierung, die bloß noch soziale Ziele hätte, wäre eine rein angepasste. Die Bestrebungen des Einzelnen lassen sich mithin nicht einfach, nicht konfliktfrei in das soziale Ganze integrieren. 2. Die Gesellschaft wendet sich mit Recht gegen anti-soziale Anteile der individuellen Bestrebungen. Sie kann und sie darf gleichwohl nicht die individuellen Bestrebungen unterdrücken, auch nicht deren anti-sozialen Aspekte. 3. Daraus ergibt sich ein echter, nicht reduzierbarer Konflikt. 4. Weil die Psychotherapie, die mit Aggression befasst ist, ergo die Gestalttherapie, in diesem Konflikt das von der eine Anpassung verlangenden Gesellschaft krank gemachte Individuum stärkt, begibt sie sich auf ein riskantes Terrain.

Ideal ist dann nicht eine fertige ideale Gesellschaft, vielmehr eine unfertige, in der die Balance zwischen individuellen und sozialen Bestrebungen, die jeweils für sich genommen legitim sind, nicht erstarrt und fixiert ist, sondern im Fluss. Die gesellschaftliche Struktur sei *offen*[041] für die Konflikte

---

[039] Vgl. oben S. 13, Fn. 005 und 006.
[040] Zit. n. S. Blankertz, *Gestalttherapie Essentials*, Wuppertal 2012, S. 49ff.
[041] Der schöne Begriff von der »offenen Gesellschaft« ist leider durch Sir Karl Poppers Obsession mit *social engineering*, mit zentralistischen, staatssozialistischen, demokratischen und formaljuristischen Konzeptionen verwirrt. Der Einzelne wäre kafkaesken Instanzen des Staats hilflos ausgesetzt.

zwischen den Individuen und zwischen den Gruppen dieser Individuen. Dadurch, dass die Konflikte direkt vor Ort und nach Möglichkeit *face-to-face* ausgetragen, nicht sublimiert, nicht in ferne Zukunft verschoben und nicht an anonyme Instanzen delegiert werden, bleiben sie begrenzt – und sie schaukeln sich nicht zu einem Wunsch hoch, das Ganze der Gesellschaft, der Kultur oder gar der Menschheit zur Hölle zu schicken. Die Gestalttherapie ist diesen anderen, dritten Weg gegangen, der sie gesellschaftlich nicht integrierbar macht, meines Erachtens bezogen auf unsere Ausgangsfrage aber auch aktueller denn je.

16

Eine biografische Skizze der Gründer der Gestalttherapie zeigt, warum ich die Geburt der Gestalttherapie fokussiere auf die Aggressionstheorie, auf die kritische Auslegung von Freuds Theorie des Todes- und Aggressionstriebs.

Fritz und Laura Perls sind deutsche Psychoanalytiker mit jüdischem familiärem Hintergrund. Das Aufwachsen ihrer 1931 geborenen Tochter Renate beobachteten sie nicht nur als Eltern, sondern auch mit psychoanalytisch geschärftem Interesse. Die Phase des Übergangs von flüssiger zu fester Nahrung, die Entwicklung und der Einsatz des Beißapparats erregte ihre besondere Aufmerksamkeit. Sie formulierten die Hypothese, dass es zu späteren Störungen führen kann, wenn es zu einer Hemmung des Zubeißens kommt. Dieses Phänomen nannten sie in psychoanalytischer Manier den »oralen Widerstand«, volkstümlich als »Beißhemmung« bezeichnet. Damit schlossen sie an jene Bemerkungen von Freud an, bei welchen er die Aggression nicht bloß als verdammenswert oder als selbstzerstörerisch, sondern auch als überlebensnotwendig bezeichnet hatte. Zugleich lebten sie in einer Umwelt, in der ein hoher Grad an organisierter Aggressivität herrschte. Fritz hatte im ersten Weltkrieg als Arzt

gedient und auch nach dem Krieg war er mit in jenem Krieg Schwerverletzten konfrontiert. Die Stimmung der 1920er und 1930er Jahre stand ganz im Zeichen politischer Gewalt und des aufkommenden Antisemitismus. 1933 emigrierte die Familie *via* Amsterdam nach Südafrika. Dort arbeiteten Laura und Fritz die Theorie des »oralen Widerstands« aus; der Begriff wurde fallen gelassen und das Manuskript veröffentlicht unter dem Titel »*Ego, Hunger, and Aggression*«. Dass Laura die Befreiung individuell sinnvoller Aggression gegenüber kollektiv zerstörerischer Aggression zur Chance erklärte, Kriege zu verhindern, wurde bereits zitiert.[042a]
In ihrem südafrikanischen Exil lasen Laura und Fritz Perls us-amerikanische avantgardistische und linke Zeitschriften. Ihnen fielen Essays von Paul Goodman auf, ein Literat, kein Psychoanalytiker, jedoch stark mit Freud beschäftigt. Goodman reflektierte in diesen Essays seine Weigerung, sich zum Wehrdienst im zweiten Weltkrieg einziehen zu lassen. Zugleich präsentierte er gerade keine Utopie der universellen gewaltsamen Befriedung durch die Institutionen, sondern stellte zur Diskussion, dass es eine »natürliche Gewalt« gebe,[042b] die von der »unnatürlichen Gewalt« des Kriegs zu unter-scheide-n sei. 1947 emigrierte die inzwischen vierköpfige Familie erneut, weil in Südafrika die Apartheid anstieg, und zwar nach New York in die USA. Hier nahmen Fritz und Laura Kontakt zu Goodman auf. Fritz engagierte den finanziell ständig klammen Goodman, »sein« Buch zu schreiben, das Buch, das dann schließlich unter dem Titel »*Gestalt Therapy*« 1951 die Gestalttherapie begründete.[042c]

042a Vgl. oben S. 16. – Zur Biografie von Fritz Perls' frühen Jahren: Bernd Bocian, *Fritz Perls in Berlin 1893-1933*, Wuppertal 2007.
042b Paul Goodman, *Natürliche Gewalt* (1945), in: ders, *Einmischung* (hg. von Stefan Blankertz), Bergisch Gladbach 2011.
042c Zu der Frage nach der Autorenschaft von »*Gestalt Therapy*« vgl. ausführlicher Stefan Blankertz, *Gestalt begreifen: Ein Arbeitsbuch zur Theorie der Gestalttherapie*, Wuppertal ⁴2011, S. 155 ff.

17

Diese kurz skizzierte Entstehungsgeschichte »der Gestalt« verdeutlicht: Der Verdacht gegen die gestalttherapeutische Aggressionstheorie, sie sei ein Kind der befriedeten Wohlstandsgesellschaft der 1950er und 1960er Jahre und nicht anwendbar, nicht zeitgemäß in einer Welt, in welcher die kriegerische, terroristische und kriminelle Gewalt überhand zu nehmen drohen, ist von Grund auf falsch. Schon Freuds Aggressionstheorie stand ganz eindeutig im Dienst, sowohl individuelle als auch organisierte Gewalt und Krieg zu erklären und einzudämmen; diesem Dienst schlossen sich Laura und Fritz Perls und Paul Goodman an und zwar mit vollem Bewusstsein der eigenen Erfahrungen von Leid und Verfolgung.

18

Die Ablehnung, der die gestalttherapeutische Aggressionstheorie heute sich auch in Kreisen der Gestalttherapie selber gegenüber sieht, ist, wenn ich das mal so klassisch psychoanalytisch formulieren darf: *Widerstand*. Es ist der Widerstand gegen die Einsicht, dass dem Unbehagen in der Kultur als *die* Quelle von der Neigung zu Destruktivität und Selbstzerstörung nicht durch umso hartnäckigeres Klammern an den kulturellen Status quo Einhalt geboten werden kann. Wir brauchen was Besseres: Die Rückbesinnung drauf, dass gesellschaftliche Institutionen dem Einzelnen nicht mit Vorschriften die angeblich optimale Einrichtung *seines* Lebens bieten können und dass der Versuch, es dennoch zu tun, in Katastrophen mündet, vielmehr dass die gute Einrichtung des sozialen Umfelds die Sache niemands als der Einzelnen und ihrer frei gewählten Gruppen sein darf. Damit werden nicht alle Lebensprobleme gelöst und nicht alle Konflikte beigelegt, der Boden jedoch bereitet für eine Kultur, die es nicht mehr nötig hat, auf Selbstzerstörung hinauszulaufen.

AUS MEINEM TRAUMTAGEBUCH 2
2 NOTIZEN

08.09.2014
Führt Freuds »*Traumdeutung*« dazu, daß [sic] wir träumen wie Freud träumte? Oder dass [sic] wir Träume erinnern, wie sie zu seiner Analyse passen?⁰⁴³

19.01.2016
Wecker ... Kurz vorher sagte ich über meinen Vater: »Er hat sich *dort* ein Zimmer genommen. Er kann ja nicht täglich pendeln.« Und ihn hiermit unter die Lebenden versetzt.²⁴⁶ Das entspricht dem (im Gegensatz zu meinem) dramatischen und traurigen Traum des Vaters, der seinen Sohn durch den Traum lebendig macht, von dem Freud berichtet.²⁴⁷ Früh des Morgens wach rumgelegen, mit allerlei Befürchtungen; fünf Minuten, ehe der Wecker klingelt, auf die Uhr geschaut und gedacht, »wie toll, nun werde ich jetzt wieder einschlafen und es dann schwer haben beim Aufstehen«. Es fühlte sich aber nach einem ganz langen Traum an. Das entspricht der These von Jan Born, der Traum werde nicht in der Nacht über längere Zeitspannen produziert, sondern beim Erwachen.²⁴⁸

---

043 Im Tagebuch: »passt«.
246 Herwig Blankertz, 1927-1983.
247 Vgl. unten S. 48f.
248 Vgl. unten S. 64ff.

OSSIP MANDELSTAM
1912

Ich hasse Sternenlicht – DER STERNE EINERLEI:
Dies ewige Einerlei. ich haß es, lieb es nicht.
Mein Traum, ich grüße dich: Ich grüß dich, Turm-und-Pfeil:
Du Turm und großer Pfeil. mein Traum, mein alter – dich!
Ralph Dutli *Paul Celan*

Nachgedichtet von: *links* Ralph Dutli, zit. nach *Bahnhofskonzert: Das Ossip Mandelstam Lesebuch*, hg. v. Ralph Dutli, Frankfurt/M. 2015, S. 47; *rechts* Paul Celan 1959, in: Ossip Mandelstam, *Gedichte*, Frankfurt/M. 2004, S. 20.

FREUDS »TRAUMDEUTUNG«, KÖNIGSWEG ZUR GESTALTTHERAPIE

Vorweg

Zu den wichtigsten, einfluss- und folgenreichsten Schriften von Sigmund Freud gehört seine *»Traumdeutung«*. Ihre Erstausgabe erschien 1900. Bis 1925 folgten mehrere Auflagen, die Freud teils stark veränderte. Historisch interessant ist die 4. Ausgabe. Sie fällt in den Juni 1914, wenige Wochen vor Beginn des ersten Weltkriegs. 1913 hatte Freud mit dem Waffenbruder C. G. Jung gebrochen, der dann auch bezüglich der Traumdeutung einen eigenen Weg einschlug.

»Die Traumdeutung« wieder zu lesen, neu zu lesen, wörtlich zu lesen, im Ganzen zu lesen, sie vor allem im Prozess ihrer verschiedenen Stufen der Bearbeitung zu lesen, führt vor allem zu einer großen Verwunderung: Dort findet sich nicht das, was bis heute Freud unterstellt wird. Ich jedenfalls war verwundert, wie sich weit übers erwartete Maß mir zeigte, dass zentrale gestalttherapeutische Konzepte, Haltungen, Theoreme direkt auf Freud zurückgeführt werden können. Darum organisiere ich die folgende Darstellung dessen, was meine Lektüre der *»Traumdeutung«* zutage gefördert hat, um sechs gängige Vorurteile. In Freud lese ich kein System hinein, sondern ein Ringen um Erkenntnis heraus. Vielfach gibt Freud zu, dass er die »volle Aufklärung« eines Sachverhaltes »nicht erbringen« könne. Sein Material habe ihn »im Stich gelassen«;[044] eine »Vermutung«, die er äußert,

---

[044] Sigmund Freud, *Die Traumdeutung* (1900), Studienausgabe, im Bd. 2, S. 276. (Die bringt Freuds Orthografie auf den Stand von 1975, sodass für mich nichts dagegen spricht, die neue Rechtschreibung zu benutzen.)

erscheint ihm »noch recht schwer erweislich« oder eine »Anschauung« sei »nicht allgemein« erwiesen«.[045]

Vorurteil 1: Der Analytiker deutet!

»[1900:] In der Schrift über Traumdeutung [*Oneirocritica*] des Artemidoros aus Daldis [in der ersten Hälfte des zweiten Jahrhunderts n. Chr.] wird nicht nur auf den Trauminhalt, sondern auch auf die Person und die Lebensumstände des Träumers Rücksicht genommen, so dass das nämliche Traumelement für den Reichen, den Verheirateten, den Redner [eine] andere Bedeutung hat als für den Armen, den Ledigen und etwa den Kaufmann. [1914:] Artemidoros aus Daldis [... legte ...] Wert darauf, die Deutung der Träume auf Beobachtung und Erfahrung zu gründen [...]. Das Prinzip seiner Deutungskunst ist [...] identisch mit der Magie, das Prinzip der Assoziation. Ein Traumding bedeutet das, woran es erinnert. Wohlverstanden, woran es den Traumdeuter erinnert! Eine nicht zu beherrschende Quelle der Willkür und Unsicherheit ergibt sich dann aus dem Umstand, dass das Traumelement den Deuter an verschiedene Dinge und jeden an etwas anderes erinnern kann. Die Technik, die ich im Folgenden auseinandersetze, weicht von der antiken in dem einen wesentlichen Punkte ab, dass sie dem Träumer selbst

---

045 Ebd. S. 277 bzw. 528.
046 Sigmund Freud, *Die Traumdeutung* (1900 bzw. 1914), Studienausgabe, im Band 2, S. 119.
047 Eine gendermainstreamte Sprache mit »Pimmel-I« o. ä. lehne ich ab. Poetische, aufklärerische Sprachspiele dagegen sind zu begrüßen; ich bin ein »Wortmetz« – eine Berufsbezeichnung, mit der ich Arno Schmidt folge, dem Schriftsteller, der Freuds Theorie in Literatur übersetzt hat; und die Ästhetik des Ausdrucks spielt für mich keine untergeordnete Rolle. »Ein starker und skrupulöser Stil ist eine Methode der Entdeckung. Ein unfreundlicher Kritiker könnte das kommentieren mit ›Du meinst wohl, dass wahr sei, was gut klingt‹. Darauf würde ich in unfreundlichem Ton antworten: ›Ja.‹ Mein Vertrauen in die Umgangssprache und den literarischen Prozess sind sicherlich – als Ursache oder als Wirkung – eng verbunden mit meiner politischen Neigung. Ich bin anarchistisch und agitato-

die Deutungsarbeit auferlegt. Sie will nicht berücksichtigen, was dem Traumdeuter, sondern was dem Träumer zu dem betreffenden Element des Traumes einfällt.«⁰⁴⁶ Diese Stelle lässt nichts zu wünschen übrig an Eindeutigkeit, zugleich ist sie überraschend, denn sie stellt, was ich über Freuds Traumdeutung zu wissen meinte und allerorten kritisiert fand, die Deutung durch den Therapeuten⁰⁴⁷ nämlich, vom Kopf auf die Füße.

1911 fügt Freud die Beschreibung einer Traumdeutung ein, mit Formulierungen wie: »Die Kranke⁰⁴⁸ findet zuerst [...]. Der nächste Einfall bezieht sich auf den Satz: [...]. Sie macht der Mutter den Vorwurf [...] und findet diesen Vorwurf in dem einleitenden Satz des Traumes wieder: [...].«⁰⁴⁹ ¿Hören wir hier nicht bereits, wie Fritz Perls prahlt, er lasse »die Klientin [sic] sich bei der Arbeit die Finger selbst schmutzig machen«?⁰⁵⁰ Freud 1914: »Ich vermied es sorgfältig, [der Patientin] die Bedeutung der Symbole zu suggerieren.«⁰⁵¹ In Bemerkungen zur Traumdeutung von 1923 betont Freud: Symbolübersetzungen ohne Mitwirkung der Träumenden, also ohne deren Assoziationen, werden den Patienten von den Analytikern allenfalls »vorgeschlagen«, sie seien nicht mehr als »wahrscheinlich«.⁰⁵²

Durch einen literarisch überlieferten Traum⁰⁵³ fühlte Freud

risch und ich bin konservativ und traditionell. So verhält es sich mit guter Sprache« (Paul Goodman, *Verteidigung der Dichtung* [1971], in: ders., *Einmischung*, hg. v. Stefan Blankertz, Bergisch Gladbach 2011, S. 148).
048 »Kranke« sagt mann heute ¡natürlich! nicht mehr, grad' so wenig wie »Neger«.
049 Sigmund Freud, *Die Traumdeutung* (1900; hier 1911), Studienausgabe, im Band 2, S. 356f.
050 Workshop-Protokoll ca. 1968, dokumentiert in: ders., *Was ist Gestalttherapie?*, Wuppertal 2003, S. 58. Vermutlich sagte Fritz »the patient«.
051 Sigmund Freud, *Die Traumdeutung* (1900; hier 1914), Studienausgabe, im Band 2, S. 368.
052 Sigmund Freud, *Bemerkungen zur Theorie u. Praxis der Traumdeutung*, Studienausgabe, im Ergänzungsband, S. 260. Text von 1923.
053 Von Paul-Max Simon (1837-1889), dem Begründer der Kunsttherapie.

sich 1900 an »*Gullivers Reisen*« erinnert. In dem Traum kamen »riesenhafte Personen und furchtbares Geklapper« vor, »das ihre aufeinander schlagenden Kiefer beim Kauen erzeugte«. Als der Träumer dann »erwachte, hörte er den Hufschlag eines vor seinem Fenster vorbeigaloppierenden Pferds«. »Ohne alle Unterstützung von Seiten des Autors« rief »der Lärm der Pferdehufe« bei Freud »Vorstellungen aus dem Erinnerungskreis von Gullivers Reisen, Aufenthalt bei den Riesen [...] und bei den tugendhaften Pferdewesen« wach. »[Zusatz hierzu 1925:] Die obige Deutung auf eine Reminiszenz aus Gullivers Reisen ist übrigens ein gutes Beispiel dafür, wie eine Deutung nicht [sic] sein soll. Der Traumdeuter soll nicht [sic] seinen eigenen Witz spielen lassen und die Anlehnung an die Einfälle des Träumers hintansetzen.«[054] Die selbstkritische Anmerkung beweist, dass Freud auch 1925 die von den Assoziationen des Träumers unabhängige Deutung verwarf. Zudem offenbart sie einen zur Selbstkritik fähigen Freud, der dabei sich ertappen mag, nicht den von ihm aufgestellten Prinzipien treu zu sein.

Vorurteil 2: Der Patient schluckt!

Aus Freuds Analyse eines eigenen Traums, des berühmten »Traums von Irmas Injektion«: Freud machte in diesem Traum Irma, einer Freundin und Patientin Freuds, »Vorwürfe«, sie habe die von ihm angebotene psychoanalytische »Lösung nicht akzeptiert«; im Traum sagte er schließlich zu ihr: »Wenn du noch Schmerzen hast, ist es deine eigene Schuld.« Freud »merkte« (!) an dem Satz, den er im Traum

---

054 Sigmund Freud, *Die Traumdeutung* (1900/1925), Studienausgabe, im im Band 2, S. 55f.
055 Sigmund Freud, *Die Traumdeutung* (1900), Studienausgabe, im Bd. 2, S. 128.
056 Statt von *Therapie* (entstanden im 18. Jh., aus altgr. θεραπεία *therapeia*, Dienst, Pflege, Heilung) spricht Freud von »Kur« (16. Jahrhundert, entstanden aus lat. *cura*, Sorge, Fürsorge, Pflege); sehr schön.

zu Irma sagt, dass er »vor allem nicht schuld sein will an den Schmerzen«.⁰⁵⁵ Zwar zeigte Freud sich wenig erfreut, dass die Patientin seine »Lösung nicht akzeptiert«, zumindest indirekt gesteht Freud hier jedoch zu, dass niemand anderes als die Patientin die Deutungshoheit habe.

Darüber hinaus behandelt der »Irma-Traum« prototypisch ein Motiv, das bis heute seine Aktualität nicht verloren hat: Die Schuldgefühle, die Trauer und deren Projektion in Hass auf den Kranken, die beim Psychotherapeuten sich genauso einstellen wie beim Arzt, wenn die Kur⁰⁵⁶ nicht anschlagen will. Noch so oft kann ein Arzt sich sagen, »*natura sanat, non medicus*« (die Natur heilt, nicht der Arzt),⁰⁵⁷ oder der Psychotherapeut, er sei ja mehr nicht als ein »Steigbügelhalter«⁰⁵⁸ der vom Klienten selbst zu verantwortenden Prozesse: wenn es zu keinem Erfolg der »Kur« kommt, ist das frustrierend.

Aber in der Tat, niemand anderes als der Patient entscheidet nach Freud über die Richtigkeit der Deutung. Aus einer anderen Traumdeutung (1911): Die Patientin träumte von einem Hut, »dessen Seitenteile nach abwärts hängen (Beschreibung hier stockend) und zwar so, dass der eine tiefer steht als der andere«. »Da sie zu dem Hut im Traume keinen Einfall produzieren« konnte, sagte Freud zu ihr: »Der Hut ist wohl ein männliches Genitale.« Freud fügt an, »absichtlich« habe er sich »der Deutung« des ungleichen Herabhängens der beiden Seitenteile »enthalten«. »Bemerkenswert« sei es gewesen, »wie sich die Träumerin nach« der »Deutung« des Hutes als männliches Genitale »benimmt«:

---

057 In Paul Goodmans Formulierung (Taylor Stoehr verwendete sie als Motto für die durch ihn herausgegebene posthume Sammlung von Goodmans psychologischen Essays 1977 »*Nature Heals*«). Das vermutlich auf Hippokrates basierende Sprichwort lautet »*medicus curat, natura sanat*« (etwa: der Arzt behandelt, die Natur heilt).
058 Erhard Doubrawa und Stefan Blankertz, *Einladung zur Gestalttherapie: Einführung mit Beispielen* (2000), Wuppertal 2013, S. 23.

Zunächst zieht sie »die Beschreibung des Hutes zurück«, »schweigt eine Weile und findet dann den Mut zu fragen, was es bedeute, dass bei ihrem Manne ein Hoden tiefer stehe als der andere, und ob es bei allen Männern so sei. Damit war dies sonderbare Detail des Hutes aufgeklärt und die ganze Deutung von ihr [sic] akzeptiert.«[059]
Dieser Bericht ist auch noch in weiterer Hinsicht interessant: Freud schlägt die symbolische Deutung einerseits erst vor, nachdem die Patientin keine *eigene* Assoziation zum Element »Hut« hat oder preisgibt, quasi als Angebot, keineswegs schon als fertige Deutung. Es handelt sich eher um eine Provokation – aufgehängt möglicherweise an ihrer »stockenden« Beschreibung und nicht an dem Wort »Hut« – als um eine sachlich distanzierte, objektivierende Deutung. Andrerseits teilt er der Patientin auch nicht seine vollständige Assoziation zum »Hut« mit. Er wartet ab, ob die Provokation ausreicht, damit ihre eigene Imagination Raum bekommt. »Symbolübersetzungen, die man für wahrscheinlich [sic] hält« seien, wie Freud 1923 in einer anderen Schrift betont, dem Patienten allenphalls »vorzuschlagen«.[060]
Über einen Patienten sagt Freud, dass er dem therapeutisch »nicht günstigen Typus von Kranken« angehöre, »die bis zu einem gewissen Punkt der Analyse überhaupt keine Widerstände machen und sich von da an fast unzugänglich erweisen«.[061] Zwar verfolgt Freud das »Ideal eines braven, gefügigen Patienten«,[062] wie es jedoch sich herausstellt, ist dieses Ideal einer Therapie[063] nicht günstig. Auch Freud ent-

---

059 Sigmund Freud, *Die Traumdeutung* (1900; hier 1911), Studienausgabe, im Band 2, S. 355.
060 Sigmund Freud, *Bemerkungen zur Theorie u. Praxis der Traumdeutung*, Studienausgabe, im Ergänzungsband, S. 260. Text von 1923.
061 Sigmund Freud, *Die Traumdeutung* (1900; hier 1911), Studienausgabe, im Band 2, S. 358.
062 Sigmund Freud, *Die Traumdeutung* (1900), Studienausg., Bd. 2, S. 130.
063 Siehe Fn. 056.
064 Sigmund Freud, *Die Traumdeutung* (1900), Studienausg., Bd. 2, S. 133.

sprach dem Ideal nicht. Im Anschluss an die Deutung eines eigenen Traums bemerkt er: »Das Weitere ist mir dunkel, ich habe, offen gesagt, keine Neigung, mich hier tiefer einzulassen«.[064] Wie wunderbar. Willkommen, Widerstand.[065] Jedoch ebenso umgekehrt: Nach der Analyse eines eigenen Traums: »Der Traum war mein eigener; ich darf [sic] darum dessen Analyse mit der Mitteilung fortsetzen, dass mein Gefühl [sic] durch die erreichte Lösung noch nicht befriedigt war.«[066] Das Kriterium zur Beantwortung der Frage, ob eine Deutung hinreicht, ist das »Gefühl« des Träumenden.

Vorurteil 3: Deute vollständig!

»Jeder Traum« habe »mindestens eine Stelle, an welcher er unergründlich ist, gleichsam einen Nabel, durch den er mit dem Unerkannten zusammenhängt«,[067] sagt Freud 1900, also auch »in den bestgedeuteten Träumen« müsse »man oft eine Stelle im Dunkel lassen, weil man bei der Deutung merkt, dass dort ein Knäuel von Traumgedanken anhebt, der sich nicht entwirren will, aber auch zum Trauminhalt keine weiteren Beiträge geliefert hat. Dies ist dann der Nabel des Traums, die Stelle, an der er dem Unerkannten aufsitzt. Die Traumgedanken, auf die man bei der Deutung gerät, müssen ja ganz allgemein ohne Abschluss bleiben und nach allen Seiten hin in die netzartige Verstrickung unserer Gedankenwelt auslaufen. Auf einer dichteren Stelle dieses Geflechts erhebt sich dann der Traumwunsch wie der Pilz aus seinem Mycelium«.[068] Ohne Zweifel, Voll*an*ständigkeit

---

065 Formulierung nach: Kristine Schneider, »*Willkommen, Widerstand*«, in: Gestaltkritik 2/2002.
066 Sigmund Freud, *Die Traumdeutung* (1900), Studienausg., Bd. 2, S. 203.
067 Ebd., S. 130.
068 Ebd., S. 503. Über die bezeichnenden Bilder vom »Nabel« und vom »Pilz« hinaus fällt mir auf, dass Freud zunächst sagt, »jeder« Traum habe eine unergründliche Stelle, später dagegen einschränkt, »oft« bleibe eine Stelle im Dunkel. Es scheint sich um eine empirische Feststellung zum Traum, nicht um ein notwendiges Kennzeichen des Traums zu handeln.

der Deutung ist nicht bloß nicht erforderlich, vielmehr unmöglich: Er »verhehle« sich »keineswegs«, gesteht Freud ein, dass er für eine »Reihe von typischen Träumen eine volle Aufklärung nicht erbringen« könne.[069] In allen Folgeauflagen bleibt dieses Eingeständnis von 1900 unverändert stehen. Wie Freud darauf kommt, dies nicht aufzuklärende Dunkel liefere zu dem »Trauminhalt keine weiteren Beiträge«,[070] ist unerfindlich. Denn sofern es nicht aufgeklärt ist, kann logisch gesehen niemand wissen, ob und welchen Beitrag das Detail zu irgendetwas liefert. Zudem scheint es psychologisch wenig wahrscheinlich, dass der Bereich des »Unerkannten« und »Dunkels« ohne Bedeutung sei.

Für die Psychoanalyse gilt, Freud zufolge, dass der Wunsch, einen Traum möglichst vollständig zu deuten, gegenüber dem je aktuellen Thema zurücktreten muss. Drei Zitate aus einer Anleitung Freuds zur Handhabung der Traumdeutung von 1911:

1. »Man hüte sich im Allgemeinen davor, ein besonderes Interesse für die Deutung [sic] der Träume an den Tag zu legen.«[071]

2. Wer aber »von der Traumdeutung her zur analytischen Behandlung kommt, der wird sein Interesse für den Inhalt der Träume festhalten und darum jeden Traum, den ihm der Kranke erzählt, zur möglichst vollständigen Deutung bringen wollen. Er wird aber bald merken können, dass er sich nun unter ganz andersartigen Verhältnissen befindet und dass er mit den nächsten Aufgaben der Therapie in Kollision gerät, wenn er seinen Vorsatz ausführen will. [...] Unterdes ist die Kur aber ein ganzes Stück hinter der Gegenwart zurückgeblieben und hat den Kontakt mit der Aktualität [sic] ein-

---

069 Ebd., S. 276.
070 Ebd., S. 503.
071 Sigmund Freud, »*Die Handhabung der Traumdeutung in der Psychoanalyse*« (1911), Studienausgabe, im Ergänzungsband, S. 152.

gebüßt. Einer solchen Technik muss man die Regel entgegenhalten, dass es für die Behandlung von größter Bedeutung ist, die jeweilige psychische Oberfläche [sic] des Kranken zu kennen, darüber orientiert zu sein, welche Komplexe und welche Widerstände derzeit bei ihm rege gemacht sind.«⁰⁷²
3. »[Man] halte es nicht [sic] für einen Verlust, dass man den Inhalt des Traumes nicht [sic] vollständig erkannt hat. Am nächsten Tage setze man die Deutungsarbeit nicht [sic] wie selbstverständlich fort, sondern erst dann, wenn man merkt, dass inzwischen nichts anderes sich beim Kranken in den Vordergrund [sic] gedrängt hat.«⁰⁷³

Vorurteil 4: Man hält sich an fixe Symbole!
Die »*Traumdeutung*« enthielt ursprünglich, in der Ausgabe 1900 gar keine Symbol-Deutung, sie begann erst 1909; 1911 erweiterte Freud sie zwar, aber immer noch nicht unter der 1914 eingefügten Überschrift »Die Darstellung durch Symbole im Traume«, sondern er subsumierte sie schlicht unter »Typische Träume«.⁰⁷⁴ Nie nahmen Symbole die zentrale Stellung in Freuds Traumdeutung ein. Keineswegs klingt die Diskussion über die Symbole unter der Rubrik »typische Träume«, als spreche Freud ihnen eine von der historischen Zeit, dem kulturellen Ort und dem individuellen Lebenszusammenhang des Träumenden unabhängige Bedeutung zu. Die Symbol-Deutung macht die Analyse von Träumen ein Stück weit unabhängig vom »Assoziationsmaterial des Träumers«; sie sei eine Art (Not?-) Behelf, eine »auxiliäre« Methode der Träumdeutung, falls der Träumer kein eigenes Assoziationsmaterial zu seinem Traum liefert, wie Freud es 1925 formuliert.⁰⁷⁵ Ganz im Allgemeinen mahnt Freud 1914

072 Ebd., S. 151 f.
073 Ebd., S. 152.
074 Studienausgabe, im Band 2, S. 14 und S. 345.
075 Sigmund Freud, *Die Traumdeutung* (1900; hier 1925), St., Bd. 2, S. 247.

eine »kritische Vorsicht in der Auflösung der Symbole« an, um »eine Rückkehr zur Willkür des Traumdeuters« zu vermeiden.⁰⁷⁶

Die symbolische Bedeutung erschießt sich im Zusammenhang der Analyse des individuellen Traums. Der erwähnten Patientin, die von dem Hut mit den ungleich herabhängenden Seitenteilen träumte und stockend von ihm erzählt, schlägt Freud vor, da sie zu ihm »keinen Einfall produzieren kann«: »Der Hut ist wohl ein männliches Genitale.« »Dass der Hut ein Mann sein soll«, bemerkt Freud in Richtung Leser, »ist vielleicht sonderbar [sic], aber man sagt ja auch: ›Unter die Haube kommen!‹‹⁰⁷⁷«⁰⁷⁸ Freud schlägt vor, den Hut als sexuelles Symbol zu deuten, behauptet nicht eine überindividuell objektive Bedeutung des Hutes als Symbol des männlichen Genitales. Der Auslöser für Freuds Deutung ist vermutlich weniger seine spontane Assoziation zu Form oder Funktion des Hutes (die er ausdrücklich als »sonderbar«, demnach ihm wohl *nicht* naheliegend kennzeichnet), vielmehr eher das Stocken oder Zögern der Patientin bei der Beschreibung. Die Assoziation mit der Redewendung »unter die Haube kommen« (heiraten) verweist unmissverständlich auf einen sprachlich-kulturell eingegrenzten Kontext. Demgegenüber behauptet Umberto Eco, verleitet vielleicht von Jacques Lacan, Freud spreche den Symbolen

076 Sigmund Freud, *Die Traumdeutung* (1900; hier 1914), Studienausgabe, im Band 2, S. 348.
077 Eine bemerkenswerte Assoziation von Freud; denn »unter die Haube kommen« leitet sich nicht von der Kopfbedeckung des Mannes, sondern dem Brauch her, dass im Mittelalter Frauen ab ihrer Vermählung das Kopfhaar »unter eine Haube bringen«, also verbergen.
078 Sigmund Freud, *Die Traumdeutung* (1900; hier 1911), Studienausgabe, im Band 2, S. 355.
079 Umberto Eco, *Semiotica e Filosofia del Linguaggio*, Turin 1984, S. 207.
080 Sigmund Freud, *Bemerkungen zur Theorie u. Praxis der Traumdeutung*, Studienausgabe, im Ergänzungsband, S. 260. Text von 1923.
081 Herbert Selg, *Sigmund Freud: Genie oder Scharlatan?*, Stuttgart 2002, S. 41. – Selgs Behauptung habe ich bei Freud *nicht* nachweisen können, ob-

»konstante Signifikation« *(significazione constante)* zu und versuche einen »Code von Symbolen« *(codice dei simboli)* zu erstellen.⁰⁷⁹ Worauf auch immer diese Feststellung sich gründet, jedenfalls nicht auf Lektüre des Freudschen Textes. Dagegen Freud 1923: »Symbolübersetzungen« ohne Mitwirkung des Träumenden, also ohne seine Assoziationen, seien allenfalls »wahrscheinlich«.⁰⁸⁰

Was Umberto Eco bei Freud gegeben sieht, den konstanten Symbol-Code, wird aus Sicht der natur- oder experimentalwissenschaftlichen Psychologie bestritten: Die Richtigkeit einer gegebenen Deutung, so deren Sicht, könne nicht bewiesen werden; eine beliebige andere Deutung zu jedem Traum wäre ebenso möglich und es gäbe kein Kriterium zu entscheiden, welche von beiden die richtige sei. Dieser Einwand geht davon aus, das Ziel der Traumdeutung bestehe darin, ein im Leben des Patienten früher oder gegenwärtig objektiv gegebenes »Datum« zu entdecken. Oder es wird verlangt, eine symbolische Deutung eines Traumelements müsste in den Träumen verschiedener Menschen jeweils das Nämliche bedeuten. In einer Abrechnung mit Freud hält der Psychologe Herbert Selg 2002 ihm etwa vor, den »Hut« in einem Traum als Symbol für das männliche, in demjenigen einer anderen Person als Symbol für das weibliche Genitale zu deuten⁰⁸¹ – hierdurch sei die symbolische Traumdeutung

---

wohl Freud sagt, der Hut stehe für Genitale und zwar »vorwiegend« (demnach *nicht* stets) das männliche (*Eine Beziehung zwischen einem Symbol und einem Symptom* [1916], in: Sigmund Freud, *Schriften zur Neurosenlehre*, Wien 1931, S. 21). Im *»Handwörterbuch der Sexualwissenschaft«*, herausgegeben von Max Marcuse, beschreibt O. F. Scheuer den »Hut« als ein »bisexuelles Symbol« (1926, Berlin 2001, S. 286); was mir aufgrund der Form des Hutes unmittelbar einsichtig ist. Oskar Franz Scheuer (1876-1941), Wiener Hautarzt, Holocaustopfer, hat eine kulturgeschichtliche Monografie über den Hut verfasst (*Der Hut und seine Geschichte*, Leipzig 1914). Die wichtige Vorstudie Freuds zu »*Das Unbehagen in der Kultur*« von 1930, »Die ›kulturelle‹ Sexualmoral und die moderne Nervosität«, erschien 1908 in der von Max Marcuse (1877-1963) herausgegebenen Zeitschrift »Sexual-Probleme«.

»karikiert«. Dagegen ist zu betonen, dass der Traum in der Deutung Freuds als Ausgangspunkt für ein gegenwärtiges Erleben des Patienten dient. Dieses gegenwärtige Erleben kann niemals falsch sein (es sei denn, der Patient würde den Analytiker bewusst in die Irre führen wollen und etwa über Assoziationen sprechen, die er gar nicht im Zusammenhang mit dem Traum hat).[082]
Ann Faraday, die Autorin eines der bekanntesten Bücher zur Traumdeutung aus den 1970er Jahren, beruft sich bei ihrer Freud-Kritik auf den Traumwissenschaftler Calvin S. Hall. Sie höhnt, »die Tarnungstheorie« lasse »schon die Vielfalt von Sex-Symbolen in der Psychoanalyse ziemlich absurd erscheinen«. »In der psychoanalytischen Literatur fand [Calvin S. Hall] allein 102 verschiedene Traumsymbole, die als Tarnungen für den Penis angegeben waren, 95 für die Vagina und 55 für den Geschlechtsverkehr. Wenn sie alle nur Maskierungen für verbotene sexuelle Gedanken wären, würde die Trauminterpretation auf die langweilige Entdeckung reduziert, dass wir alle sexbesessen sind, was uns kaum weiterhelfen würde, selbst wenn es stimmte.«[083] In Calvin S. Halls Papier von 1953,[084] aus dem Anne Faraday die beeindruckenden Zahlen zitiert, findet sich das von ihr behauptete Argument aber nicht. Vielmehr meint Hall, aufgrund der in der Literatur gegebenen Symbolbedeutungen, die auch vielfach dem normal gebräuchlichen Slang entsprechen, könne jeder schließlich die eigenen Träume leicht deuten. Er selbst führt, karikierend, die Symbolübersetzung an dem Traum einer »jungen Frau« vor; über sie oder ihre Assoziationen zum Traum erfahren wir dabei nichts. Dergestalt zieht Hall die von Freud behauptete »Tarnung« der

---

082 Insoweit entspricht die Traumdeutung von Freud Edmund Husserls phänomenologischem Begriff der Wahrheit; vgl. unten Fn. 132, S. 58f.
083 A. Faraday, *Die positive Kraft der Träume* (1972), Bindlach 1996, S. 128.
084 Calvin S. Hall, *A Cognitive Theory of Dream Symbols*, in: The Journal of General Psychology, 48 (1953), S. 169-186.

Traumgedanken durch die Symbolik in Zweifel. Die Symbole seien aufgedeckt, es gebe gar keine Tarnung mehr. Hall berichtet, seine Sammlung tausender von Träumen habe überdies ergeben, dass Inzest, Vater- und Brudermord etc. mal im manifesten Traum auftauchten, mal »durch die Blume gesagt« würden. Er vermisst eine Antwort von Freud auf die Frage, warum der psychische Apparat sich der Mühe einer Verschlüsselung durch Symbol unterziehe, wenn doch zu anderen Zeitpunkten dieselbe Sache sich ganz offen ausdrücken lasse. Als ob Freud nicht von einer reduzierten und lückenhaften Zensur gesprochen habe. Als ob durch Freud nicht darauf hingewiesen worden wäre, dass es auf die jeweils aktuellen Umstände ankomme, was es zu verbergen gelte. Solche aktuellen Umstände aufzudecken, hilft kein Lexikon der Traumsymbole, vielmehr bloß – die Analyse. Individuell. Aktuell. In Kontakt. Und wenn Faraday die der Analyse entspringenden Entdeckungen »langweilig« oder »absurd« findet, schade für sie. Ich enthalte mich weiterer Spekulationen.

Und hier noch ein schönes Beispiel dafür, wie Freud selber eine un?beabsichtigte Symbolik beim Schreiben unterläuft, nämlich die Wendung, »dass der Mann die kleinen Töchter verzärtelt, [wohingegen] die Frau den Söhnen die Stange« halte.[085]

Vorurteil 5: Zurück in die Kindheit!

Im Hier und Jetzt wurzeln zum Beispiel die »Bequemlichkeitsträume«: »Wenn es mir gelingt, meinen Durst durch den Traum, dass ich trinke, zu beschwichtigen, so brauche ich nicht aufzuwachen, um ihn zu befriedigen.«[086] Ebenso

085 Sigmund Freud, *Die Traumdeutung* (1900), Studienausg., Bd. 2, S. 262.
086 Ebd., S. 142. — Ich für meine Person muss gestehen, dass ich mich an »Bequemlichkeitsträume«, wie Freud sie beschreibt, nicht erinnere. Allerdings ist eine früheste Erinnerung der Traum von einem Weitpinkelwettbewerb mit den drei Vettern im Garten der Großmutter. Den Blechkanister

beim erwähnten »Irma-Traum«: »Ich merke [...] an dem Satz, den ich im Traume zu Irma spreche, dass ich vor allem nicht schuld sein will an den Schmerzen.«[087] Die Deutung führt nicht in die Kindheit. Auch in diesem Fall verweilt der Traumgedanke im Hier und Jetzt. Es ist ein »Gegenwartstraum«, wie Freud es nennt.[088] In der Tat führt die Deutung eines Traums bei Freud zu einem Problem im Hier und Jetzt und keineswegs immer in die Kindheit. Nach der erwähnten Deutung des Hutes als »ein männliches Genitale« findet die Träumerin »dann [sic] den Mut zu fragen, was es bedeute, dass bei ihrem Manne ein Hoden tiefer stehe als der andere.«[089] Und in der Deutung eines eigenen Traums stößt Freud auf seinen allzu aktuellen »Neid gegen die Jugend, den der Gealterte [nämlich er selber] im Leben gründlich erstickt zu haben glaubt«.[090] Oder Karrierehoffnung und weit und breit keine Rückführung auf die Kindheit: »Wenn ich aber die Zurückweisung der beiden [Freunde] auf andere Gründe schieben kann, die mich nicht treffen, so bleibt mir die Hoffnung ungestört. So verfährt mein Traum; er macht den einen, R., zum Schwachkopf, den anderen, N., zum Verbrecher; ich bin aber weder das eine noch das andere; unsere Gemeinsamkeit ist aufgehoben, ich darf mich auf meine Ernennung zum Professor freuen.«[091]

Im Abschnitt »zur Wunscherfüllung«[092] stellt Freud fest, »dass die Herkunft des Traumwunsches an seiner Fähigkeit, einen Traum anzuregen, nichts ändert«.[093] Danach wäre die Herkunft des Traumwunsches etwa aus der Kindheit als gar nicht so bedeutsam zu klassifizieren. Dann allerdings fährt

kann ich mir noch heute vor Augen führen. Am Morgen merkte ich, dass ich eingenässt hatte, und seitdem schaudert mich vor »solcher« Art von Träumen.
087 Ebd., S. 128.
088 Ebd., S. 172.
089 Ebd., S. 355.
090 Ebd., S. 534

Freud fort: »Ich neige sehr zur Annahme einer strengeren Bedingtheit des Traumwunsches«, sie könne er dessen ungeachtet »nicht beweisen«.[094] Unter der »Annahme einer strengeren Bedingtheit des Traumwunsches« versteht er: »Der Wunsch, welcher sich im Traume darstellt, muss ein infantiler sein.« Wiederum gibt er zu, »diese Anschauung« sei »nicht allgemein« erwiesen.[095] Eine Auflösung dieses Widerspruchs, dass Freuds Deutungen nicht immer in die Kindheit führen, die Quelle des Wunsches aber (möglicherweise) stets infantil sei, ist vielleicht weniger mysteriös, als es zunächst scheint. Alle, auch die komplexen und ästhetisch verfeinerten Wünsche, lassen sich bei einer hinreichenden Regression auf archaische Grundbedürfnisse zurückführen, die auch für Kinder gelten. Aber »mit der fortschreitenden Beherrschung unseres Trieblebens« werden sie – teilweise – einer Zensur unterworfen. Der Traumwunsch nun holt sich in Umgehung der Zensur »eine Verstärkung von anderswoher«, nämlich der »Wunschregung von der dem Infantilen eigenen Stärke«.[096] Der Mechanismus erklärt die »Traumerregung«, verlangt jedoch nicht, dass die Analyse immer auf ein Kindheitserlebnis stoßen müsse.

Doch selbst wenn eine Analyse auf ein Kindheitserlebnis deutet, muss es als im Traum erscheinendes aktuell sein: »Der Traum erscheint [...] als Reaktion auf alles, was in der schlafenden Psyche als aktuell [sic] vorhanden ist.«[097] Die Wunscherfüllung des Traums insgesamt kann sich stets nur auf ein aktuelles, bei Bequemlichkeitsträumen gar auf das unmittelbare Bedürfnis beziehen. Zur Analyse eines eigenen

091 Ebd., S. 156. Ausführlicher weiter unten (S. 46).
092 Ebd., S. 525 ff.
093 Ebd., S. 526.
094 Ebd., S. 527.
095 Ebd., S. 528.
096 Ebd., S. 527.
097 Ebd., S. 235.

Traums notiert Freud, sein Traum erfülle »einige Wünsche, welche durch die Ereignisse des letzten Abends [...] in« ihm »rege gemacht worden« seien.⁰⁹⁸

Vorurteil 6: Dringe stets zum sexuellen Inhalt vor!
Aus der Deutung eines eigenen Traums, gegen die Freud sich sträubte, weil ihm der Traumgedanke peinlich war. Der Traum stammte aus dem Jahr 1897, vor der Ernennung Freuds zum Professor. Weil seine Freunde R. und N. ebenfalls noch nicht zu Professoren geworden waren, vermuteten sie »›konfessionelle‹ Rücksichten« als Grund dafür, im Klartext: Alle drei waren Juden. Im Traum nun macht Freud den einen seiner Freunde zu einem »Schwachkopf«, den anderen zu einem »Verbrecher«. Wären »für den Aufschub der Ernennung« zum Professor seiner »Freunde R. und N. ›konfessionelle‹ Rücksichten maßgeblich«, so müsste er auch seine »Ernennung in Frage gestellt« sehen, eben weil alle drei Juden waren; wenn er »aber die Zurückweisung der beiden auf andere Gründe schieben kann, die« ihn »nicht treffen, so bleibt« ihm »die Hoffnung ungestört. So verfährt« sein »Traum: Er macht den einen, R., zum Schwachkopf, den anderen, N., zum Verbrecher«; da Freud »aber weder das eine noch das andere« ist, ist die »Gemeinsamkeit aufgehoben«, er »darf« sich auf seine »Ernennung zum Professor freuen«.⁰⁹⁹ Karrierehoffnung, weit und breit kein sexuelles Motiv.
In dem erwähnten »Traum von Irmas Injektion« hält Freud seinem Freund Otto entgegen, dieser habe eine ärztliche »Sorgfaltspflicht« vernachlässigt. Freud fühlte sich durch Otto, wie Freud nach Analyse des Traums meinte, tags zuvor

---

098 Ebd., S. 137. Für weitere Bemerkungen zu Freuds »Irma«-Traum vgl. die S. 34f, 44, 46f, 60.
099 Ebd., S. 156.
100 Ebd., S. 136.
101 Ebd., S. 128.

indirekt wegen der ausbleibenden Erfolge bei der psychoanalytischen »Kur« der gemeinsamen Bekannten Irma kritisiert. »Man macht [...] Injektionen nicht [...] leichtfertig«, sagt Freud im Traum zu Otto. »Hier wird der Vorwurf der Leichtfertigkeit unmittelbar gegen Freund Otto geschleudert.«[100]

Ein weiteres Detail aus diesem Traum: Freud macht Irma »Vorwürfe«, dass sie seine »Lösung nicht akzeptiert« habe; er sagt: »Wenn du noch Schmerzen hast, ist es deine eigene Schuld.« Das hätte er »ihr auch im Wachen sagen können«, kommentiert Freud. Er merke an dem Satz, den er im Traum zu Irma sagt, dass er »vor allem nicht schuld sein will an den Schmerzen«.[101] Die Wunscherfüllung des Traums verweist in beiden Fällen nicht auf einen sexuellen Inhalt, sondern auf Schuldumkehr und Schuldabkehr. Und wenn wir uns schon einer weitergehenden sexuellen Fantasie ohne Mithilfe des Träumenden hingeben wollen, schlage ich – angelehnt an Erik H. Erikson[102] – vor, die Otto zugeschriebene Injektion als männliche Konkurrenz um Irma im Hier und Jetzt zu deuten und Freuds Vorwurf an Irma als Ausdruck dafür, dass sie die phallsche Wahl getroffen habe. Solche »verwilderten Deutungen«, wie Freud sie nannte,[103] sagen sicherlich viel aus – über den Deuter, nicht über den Träumenden.

»Das Träumen setzt sich an Stelle des Handelns wie auch sonst im Leben. Leider ist das Bedürfnis nach Wasser, um den Durst zu löschen, nicht mit einem Traum zu befriedigen, wie« Freuds »Rachedurst gegen Freund Otto und Dr. M., aber der gute [sic] Wille ist der gleiche.«[104] Hier also zwei nicht-sexuelle Wunscherfüllungen: Durst und Rachedurst.

102 Erik Erikson, *Das Traummuster in der Psychoanalyse* (1954), in: H. Deserno (Hg.), *Das Jahrhundert der Traumdeutung*, Stuttgart 1999, S. 87 ff.
103 Sigmund Freud, *Die Traumdeutung* (1900, hier 1914), Studienausgabe, im Band 2, S. 348.
104 Sigmund Freud, *Die Traumdeutung* (1900), Studienausg., Bd. 2, S. 142.

Poetisch, diese Parallele zwischen »Durst« und »Rachedurst«. Und bemerkenswert, dass das primitive körperliche Grundbedürfnis des Dürstens nicht so unkompliziert und schon gar nicht »mit einem Traum« befriedigt wird, wohl hingegen der kulturell verfeinerte Rachedurst auf diese wenig spektakuläre, überdies sozialverträgliche Weise sich stillen lässt.

Traurig ist der Anlass für den Traum eines Vaters, »der das Leben« des gestorbenen Kindes »um einen Moment verlängert«:[105] Nachdem der Vater »tage- und nächtelang am Krankenbett seines Kindes gewacht« hat, ist es gestorben. Er »begibt sich in einem Nebenzimmer zur Ruhe, lässt aber die Tür geöffnet, um aus seinem Schlafraum in jenen zu blicken, worin die Leiche des Kindes aufgebahrt liegt, von großen Kerzen umstellt. Ein alter Mann ist zur Wache bestellt worden und sitzt neben der Leiche, Gebete murmelnd. Nach einigen Stunden Schlafs träumt der Vater, ›dass das Kind an seinem Bette steht, ihn am Arme fasst und ihm vorwurfsvoll zuraunt: Vater, siehst du denn nicht, dass ich verbrenne?‹ Er erwacht, merkt einen hellen Lichtschein, der aus dem Leichenzimmer kommt, eilt hin, findet den greisen Wächter eingeschlummert, die Hüllen und einen Arm der teuren Leiche verbrannt durch eine Kerze, die brennend auf sie gefallen war. [...] [Wir dürfen] uns verwundern, dass unter solchen Verhältnissen überhaupt ein Traum zustande kam, wo das rascheste Erwachen geboten war. [...] Auch dieser Traum [entbehrt nicht] einer Wunscherfüllung. Im Traum benimmt sich das tote Kind wie ein lebendes, es mahnt selbst den Vater, kommt an sein Bett und zieht ihn am Arm [...]. Dieser Wunscherfüllung zuliebe hat der Vater nun seinen Schlaf um einen Moment verlängert. Der Traum enthielt das Vorrecht vor der Überlegung im Wachen, weil er das Kind noch einmal lebend zeigen konnte. Wäre der Vater

105 Ebd., S. 543.

zuerst erwacht und hätten dann den Schluss gezogen, der ihn ins Leichenzimmer führte, so hätte er gleichsam das Leben des Kindes um diesen einen Moment verkürzt«.[106]

In der Empörung, die Freuds These seinerzeit auslöste und immer noch fast unvermindert auslöst, dass in Träumen vielfach – zum Teil versteckt – sexuelle Motive auftauchen, drückt sich allerdings auch Sexualabwehr durch die Zensur (des begrifflich erst später eingeführten Über-Ich) aus. Dass es nach Freud in Träumen oft um andere Grundbedürfnisse wie Essen und Trinken – sowie, vor allem, um Schlafen und Ruhen – sich dreht, ruft keine ähnlich gelagerte Empörung und Zurückweisung der Art hervor: ¿Will er uns einreden, dass wir immer nur ans Fressen denken?, ¡wie einseitig!, ¡wie widerlich! »Der Traum als existenzielle Botschaft«, das ist nicht weniger Sexualabwehr als »der Traum ist purer Nonsens«. Erleichtert atmet mann auf, wenn bestätigt wird, sei es durch C. G. Jung, sei es gar durch den schmuddeligen Fritz Perls, nicht »alles« lasse sich auf Sex zurückführen; wobei »nicht alles« durch die Zensur flugs auf ¡Nichts! verkürzt wird.

Anknüpfungen für die Gestalttherapie

Die Arbeit mit Träumen in der Gestalttherapie, wie speziell sie von Fritz Perls überliefert ist, knüpft, nach dem Vorangegangenen offensichtlich, noch enger an Freud an, als ich bislang realisiert hatte. Sie revidiert Freud weniger, als dass sie bestimmte Aspekte betont wie etwa (zusammengefasst in ßeks Punkten):

1. Nicht der Therapeut, vielmehr der Patient deutet. »Die Technik, die« Freud uns in der »*Traumdeutung*« »auseinandersetzt«, »verfährt« in seinen Worten so, »dass sie dem Träumer selbst die Deutungsarbeit auferlegt. Sie will nicht berücksichtigen, was dem Traumdeuter, sondern was dem

---
106 Ebd., S. 488 f.

Träumer zu dem betreffenden Element des Traumes einfällt«.[107] »Der Traumdeuter soll nicht seinen eigenen Witz spielen lassen, [und nicht] die Anlehnung an die Einfälle des Träumers hintansetzen.«[108]

2. Die in der therapeutischen Situation aktuelle emotionale und kognitive Reaktion des Patienten auf den Traum ist entscheidend. Freud hat zwar ein »Ideal des braven, gefügigen Patienten«,[109] der widerstandslos die »Deutungen« oder, wie Freud oft sagt, »Lösungen« des Analytikers schluckt; wie sich aber herausstellt, ist dieses Ideal der Therapie nicht günstig.[110] Auch Freud entsprach dem Ideal nicht. Wenn es ihm bei der Selbstanalyse zu dunkel oder peinlich wird, hat er, »offen gesagt, keine Neigung«, sich auf sie »tiefer einzulassen«.[111] Das Kriterium für die Beantwortung der Frage, ob eine Deutung hinreicht, ist ausschließlich das »Gefühl« des Träumenden. So schreibt Freud etwa zur Analyse eines eigenen Traums: »Der Traum war mein eigener; ich darf darum [sic] dessen Analyse mit der Mitteilung fortsetzen, dass mein Gefühl durch die erreichte Lösung noch nicht befriedigt war«.[112]

3. Die Traumgegenstände und -personen sind vielfach Repräsentationen (»Projektionen«) des Träumenden. »Es ist eine Erfahrung, von der« er »keine Ausnahme gefunden« hat, »dass jeder Traum die eigene Person behandelt«. »Wo im Trauminhalt« scheinbar nicht das eigene »Ich, sondern

---

107 Sigmund Freud, *Die Traumdeutung* (1900; hier 1914), Studienausgabe, im Band 2, S. 119.
108 Sigmund Freud, *Die Traumdeutung* (1900; hier 1925), Studienausgabe, im Band 2, S. 56.
109 Sigmund Freud, *Die Traumdeutung* (1900), Studienausgabe, im Bd. 2, S. 130.
110 Über einen Patienten sagt Freud, der gehöre »einem therapeutisch nicht günstigen Typus«, »die bis zu einem gewissen Punkt der Analyse überhaupt keine Widerstände machen und sich von da an [sic] fast unzugänglich erweisen«. Sigmund Freud, *Die Traumdeutung* (1900; hier 1911), Studienausgabe, im Band 2, S. 358.

nur eine fremde Person vorkommt, da« dürfe man »ruhig annehmen, dass« sein »Ich durch Identifizierung hinter jener Person versteckt« sei. Sein Ich dürfe man »ergänzen. Andere Male, wo« das »Ich im Traum erscheint«, lehre einen »die Situation, in der es sich befindet, dass hinter dem Ich eine andere Person sich durch Identifizierung verbirgt. Der Traum soll [sic]« einen »dann mahnen, in der Traumdeutung etwas, was dieser Person anhängt, das verhüllte Gemeinsame, auf« die eigene Person »zu übertragen«. »Dass das eigene Ich in einem Traume mehrmals vorkommt oder in verschiedenen Gestaltungen auftritt, ist im Grund nicht verwunderlicher, als dass es in einem bewussten Gedanken mehrmals und an verschiedenen Stellen oder in anderen Beziehungen enthalten ist, z.B. im Satze: Wenn ich daran denke, was für gesundes Kind ich war.«[113] – Bereits Freud bezeichnet den Traum 1917 als »Projektion, eine Veräußerlichung eines inneren Vorgangs«.[114]

4. Der Therapeut gibt seinem Patienten »alle die psychologischen Aufklärungen, mit deren Hilfe« er »selbst zum Verständnis seiner Symptome gelangt« ist,[115] jener erhebt sich also nicht über diesen und bewahrt sein Herrschaftswissen. Er muss aber nicht alles, was ihm an Assoziationen und Gedanken kommen, mitteilen, sondern dem Patienten Raum zur eigenen Entfaltung lassen: »Absichtlich enthalte ich mich der Deutung jenes Details [...]«.[116] Insgesamt ist

---

111 Sigmund Freud, *Die Traumdeutung* (1900), Studienausgabe, im Bd. 2, S. 133.
112 Ebd., S. 203.
113 Sigmund Freud, *Die Traumdeutung* (1900/1925), Studienausgabe, im Bd. 2, S. 320f. Der Satz von »Dass das eigene Ich ...« an stammt aus dem Jahr 1925.
114 Sigmund Freud, *Metatheoretische Ergänzungen zur Traumlehre* (1917), Studienausgabe, im Band 3, S. 180.
115 Sigmund Freud, *Die Traumdeutung* (1900), Studienausgabe, im Bd. 2, S. 162.
116 Ebd., S. 355.

»kritische Vorsicht in der Auflösung [sic] der Symbole«[117] geboten, das heißt verallgemeinert: bei allen Deutungen, die nicht aus den Assoziationen, Einfällen, Ideen des Patienten selber stammen.

5. Deutungen werden von Freud als Angebot – »aber als ich ihm [...] vorschlage [...]«[118] – formuliert. Im rechten Augenblick eingesetzt können sie auch provozierenden Charakter haben. »Da [die Patientin] zu dem Hut in [ihrem] Traum keinen Einfall produzieren kann, sage ich zu ihr: [...]«[119] Und in einem anderen Falle: »Ich vermied es sorgfältig, [der Patientin] die Bedeutung der Symbole zu suggerieren und fragte sie nur, was ihr zu den einzelnen Teilen des Traumes in den Sinn komme«.[120]

6. In der Traumdeutung legt Freud den Schwerpunkt darauf, was im Hier und Jetzt anliegt. Freud mahnt einen »Kontakt mit der Aktualität« für den therapeutischen Prozess an, »von größter Bedeutung ist, die jeweilige psychische Oberfläche [sic] des Kranken zu kennen, darüber orientiert zu sein, welche Komplexe und welche Widerstände derzeit [sic] bei ihm regegemacht sind.« Eine begonnene Arbeit setze man »nicht wie selbstverständlich fort, sondern erst dann, wenn man merkt, dass inzwischen nichts anderes sich beim Kranken in den Vordergrund gedrängt hat.«[121]

---

117 Ebd., S. 348.
118 Sigmund Freud, *Die Traumdeutung* (1900; hier 1909), Studienausgabe, im Band 2, S. 376.
119 Sigmund Freud, *Die Traumdeutung* (1900; hier 1911), Studienausgabe, im Band 2, S. 355.
120 Sigmund Freud, *Die Traumdeutung* (1900; hier 1914), Studienausgabe, im Band 2, S. 368.
121 Sigmund Freud, »*Die Handhabung der Traumdeutung in der Psychoanalyse*« (1911), Studienausgabe, im Ergänzungsband, S. 151 f.

AUS MEINEM TRAUMTAGEBUCH 3
»TRÄUME SIND DER KÖNIGSWEG INS UNBEWUSSTE«[122]

09. 10. 2014
Königlicher Schnellweg ins ¡Nicht zu Wissen wagen!,
doch ich such' 'ne mitfahrgelegenheit in einem der wagen
die zu hunderten vorbeirattern auf monotonen straßen.
wohlbekannt ist mir das gewühl auf diesen straßen.
hunderttausend spiegelfenster allzuhell,
um mir ins gesicht zu schauen. und wenn hell
der morgen anbricht, lüg' ich da wie was totes.
ein ausrangierter klapperkasten, ein antikes totes
pferd und sein halter halten an auf ihrem weg.
ein stück nehmen sie mich mit auf meinem weg
– abseits von meinem weg – ist das: der Große Weg?
immer dachte ich, ich könnte glücklich sein,
aber ist das eine möglichkeit: glücklich sein?
wie fühlte sich das wohl an? wie Plato oh
projiziere ich's aufs Große Ganze und oh
plane, wie meine stadt sein würde,
wo – wohin? entschwinden? – alles fußläufig sein würde.
— *Paul Goodman*, 1947[123]

---

[122] »Die Traumdeutung ist die *Via regia* zur Kenntnis des Unbewussten im Seelenleben.« (Sigmund Freud, *Die Traumdeutung* [1900], Studienausgabe, im Band 2, S. 577.)
[123] Paul Goodman, *Collected Poems*, New York 1973, S. 421. **Dreams are the Royal Road to the Unconscious | Freud |** The King's Highway to the Dare Not Know, | but I beg my rides and well I know | that boring roads where droning hundreds | of cars fade by in hundred-hundreds | of mirror windows all too bright | to see my face, and when the bright | morning breaks I lie like dead. | An old-time surrey, an ancient dead | horse and his

farmer stop by the way, | they'll take me one mile on my way | – out of my way – is this the Way? | I used to think I could be happy | but is it possible to be happy? | what is it like? like Plato oh | I'll copy it at large and oh | plan a city where all distances | – where? wither? – are walking distances.
Einige Zeilen des Gedichts habe ich im Traum oder Halbschlaf übersetzt. Doch gerade der Anfang musste noch stark nachbearbeitet werden: »Die königliche Autobahn ins | ›man wagt es nicht zu wissen‹ | aber ich such''ne Mitfahrgelegenheit und kenne gut | die langweilige Straße ...«
© by the Estate of Paul Goodman. Used by permission.

»TRAUMDEUTUNG«: WAS ZU BEWEISEN WÄRE

Wie objektiv ist objektiv?
Einfluss des Kontexts: Sprache, Kultur, Bildung. — »Da [die Patientin] zu dem Hut [>dessen Seitenteile nach abwärts hängen (...) und zwar so, dass der eine tiefer steht als der andere<] in [ihrem] Traum keinen Einfall produzieren kann, sage ich zu ihr: Der Hut ist wohl ein männliches Genitale. [...] Man sagt ja auch: >Unter die Haube kommen!< [...] [Die Träumerin] findet dann den Mut zu fragen, was es bedeute, dass bei ihrem Manne ein Hoden tiefer stehe als der andere [...]. Damit war dies sonderbare [sic] Detail des Hutes aufgeklärt«.[124] Freud legt ihr eine Deutung des Traumelements »Hut« nahe, damit die Patientin hierdurch angeregt *eigene* Assoziationen entwickelt. Der »Hut« mag in *diesem* Traum *dieser* Patientin für ein männliches Genitale stehen, *nicht* ohne individuellen Zusammenhang immer und überall. Der arg hinkende Vergleich mit der Redewendung »unter die Haube kommen« (heiraten) verweist unmissverständlich auf einen sprachlich-kulturellen Kontext.[125]
Einfluss des Kontexts: Die analytische Methode. — Entstehen »während des Analysierens neue Gedankenverbindungen [...], die an der Traumbildung unbeteiligt waren? Ich kann

[124] Sigmund Freud, *Die Traumdeutung* (1900; hier 1911), Studienausgabe, im Band 2, S. 355.
[125] Sprachklangliche Assoziationen wie *Dysenterie, Diphtherie* (»*Traumdeutung*«, 1900, S. 134 und S. 295) oder *Propylpräparat, Propylen, Propionsäure, Ananas-Likör, Irma, Amyl* (Fuselgeruch), *Propyl, Methyl, Trimethylamin* (ebd., S. 135 f u. S. 295), *Phenyl, Benzyl, Azetyl, Schlemihl* (ebd., S. 376) sind außerhalb eines engen fachsprachlichen Raumes nicht verständlich. Freud diskutiert weitere Beispiele (ebd, S. 297 ff), die sich allesamt bloß im Kontext seines subjektiven sprachlichen Umfelds verstehen lassen.

diesem Zweifel nur bedingt [!] beitreten. Dass einzelne Gedankenverbindungen erst während der Analyse entstehen, ist allerdings richtig; aber [...].«[126] Freud führt dann Gründe auf, die ihn annehmen lassen, die Assoziationen gehörten weitgehend zu den Traumgedanken; es bleibt jedoch festzuhalten, dass er die nachträgliche, durch die Methode der Analyse hervorgerufenen Hinzusetzungen neuer Gedanken nicht ausschließen kann und auch nicht ausschließen will. Vielleicht ist diese Unterscheidung zwischen im Traum enthaltenen und nachträglichen Gedanken nicht nur unmöglich, vielmehr auch unwichtig? Kryptisch formuliert Freud 1919, dem nachträglich hinzugesetzten Material »ist man gewohnt, geringe Bedeutung zuzuschreiben. Man legt auch keinen Wert auf die Behauptung, dass alle diese Gedanken an der Traumbildung beteiligt gewesen seien«.[127] Um dieses Material zu identifizieren und auszugrenzen, müsste ›man‹ dafür ein Kriterium haben und ihm sicherlich großen Wert beilegen.

Dieser eigenartige Schwebezustand wiederholt sich noch einmal an einer späteren Stelle. Wir brauchen »nicht alle Einfälle der Deutungsarbeit auch in die nächtliche Traumarbeit zu versetzen. [...] Es erweist sich vielmehr, dass wir bei Tag über neue Gedankenverbindungen Schachte führen, welche die Zwischengedanken und die Traumgedanken bald an dieser, bald an jener Stelle treffen. Wir können sehen, wie sich das frische Gedankenmaterial des Tages in die Deutungsreihen einschiebt, und wahrscheinlich nötigt auch die Widerstandsneigung, die seit der Nachtzeit eingetreten ist, zu neuen und ferneren Umwegen. Die Zahl oder Art der Kollateralen aber, die wir so bei Tag spinnen, ist psycho-

---

[126] Sigmund Freud, *Die Traumdeutung* (1900), Studienausg., Bd. 2, S. 283.
[127] Sigmund Freud, *Die Traumdeutung* (1900; hier 1919), Studienausgabe, im Band 2, S. 310.
[128] Sigmund Freud, *Die Traumdeutung* (1900), Studienausg., Bd. 2, S. 509.

logisch völlig bedeutungslos, wenn diese uns nur den Weg zu den gesuchten Traumgedanken führen.«[128] Merkwürdig bleibt, woran wir denn ersehen können, *dass* sich frisches Gedankenmaterial einschiebt. Merkwürdig zudem, dass das frische Gedankenmaterial *ohne* Bedeutung sein soll, wo es doch der Widerstandsneigung entspringt, die sicherlich bedeutungsvoll und für die Analyse von hoher Wichtigkeit ist. Die Möglichkeit, macht Freud später sich Mut, dass »Suggestionen« Assoziationen der Patienten zum Traum und damit die Traumdeutung beeinflussen, verliere ihren »Schrecken« angesichts der Einsicht, »die Beeinflussung der Träume des Patienten sei für den Analytiker nicht mehr Missgeschick oder Schande als die Lenkung seiner bewussten Gedanken. Dass der manifeste Inhalt der Träume durch die analytische Kur beeinflusst wird, braucht nicht erst bewiesen zu werden. Das folgt ja schon aus der Einsicht, dass der Traum ans Wachleben anknüpft und Anregungen desselben verarbeitet. Was in der analytischen Kur vorgeht, gehört natürlich auch zu den Eindrücken des Wachlebens.«[129]

Symbolübersetzungen sind wahrscheinlich, nicht zwingend. — Bei starkem »Widerstandsdruck« (der Patient gibt keine Assoziationen zu den Träumen preis) beschließt man (d. h. der Therapeut), »sich nicht viel zu plagen und ihm nicht viel zu helfen, und begnügt sich damit, [dem Patienten] einige Symbolübersetzungen, die man für wahrscheinlich hält, vorzuschlagen«.[130]

Symbole müssen nicht bei allen Träumern fürs Gleiche stehen. — Ein besonders aus der natur- oder experimentalwissenschaftlichen Ecke vorgebrachter Einwand gegen die Traumdeutung Freuds lautet, wie weiter oben schon besprochen,[131]

---

129 Sigmund Freud, *Bemerkungen zur Theorie u. Praxis der Traumdeutung*, Studienausgabe, im Ergänzungsband, S. 263. (Text von 1923.)
130 Ebd., S. 260.
131 Vgl. oben S. 41 ff.

die Richtigkeit irgendeiner gegebenen Deutung ließe sich nicht nachweisen. Worin bestünde das »Kriterium«, um zu ent-scheide-n, welche unter allen möglichen Deutungen *zutreffend* sei? Diese Frage geht davon aus, das Ziel von Traumdeutung bestehe darin, ein im Leben eines Patienten früher oder gegenwärtig *objektiv* gegebenes Datum zu ermitteln. Den Hut in einem Traum als Symbol für das männliche, im Traum einer anderen Person als Symbol für das weibliche Genital ansehen zu sollen, verwirrt Herbert Selg dermaßen, dass er damit Traumdeutung als »karikiert« empfindet. Für Freud dagegen ist ein Traum Angelpunkt für gegenwärtiges Erleben des Patienten. Dieses gegenwärtige Erleben kann – phänomenologisch gesehen – niemals falsch sein.[132]

Für ältere Träume gilt: Weder kann der Patient Auskunft geben, was der Traum damals für ihn bedeutete, noch vermag der Analytiker durch irgendeinen Trick zu ermitteln, welche Bedeutung der alte Traum für den Patienten zu dem Zeitpunkt des Traumes objektiv hatte. Auch kann der alte Traum nicht dazu dienen zu ermitteln, ob zum Zeitpunkt des Traumes ein bestimmtes Ereignis wirklich stattfand. Das, was Gegenstand der Traumdeutung sein kann, sind die Gedanken und Gefühle, die ein Traum *gegenwärtig* bei dem Patienten auslöst. Und *das* ist von Bedeutung.

Von Neurotikern auf Normalität schließen?

1. Ein bereits bald nach der Erstveröffentlichung von »*Die Traumdeutung*« erhobener und bis heute nicht verstummter

---

[132] Edith Stein, *Einführung in die Philosophie* (1932), Freiburg 1991, S. 32: Meinen wir, einen Vogel im Flug wahrzunehmen, bemerken bei näherem Zusehen aber, »dass es sich faktisch um ein herabfallendes Blatt handelt, so ist unsere Wahrnehmung als Täuschung entlarvt, und wir müssen all unsere Aussagen über den fliegenden Vogel zurücknehmen, die den Anspruch erhoben, Erfahrungstatsachen Ausdruck zu geben. Dass wir aber die Wahrnehmung eines fliegenden Vogels hatten, dieser Tatbestand ist unaufhebbar und kann durch keine neue Erfahrung angetastet werden. Und alles, was zu diesem *Phänomen*: Wahrnehmung [...] gehört, kann beschrieben werden,

Vorwurf lautet, »dass die Traumsymbolik vielleicht ein Produkt der neurotischen Psyche sei, aber keineswegs für die normale Gültigkeit habe«.[133] Die Obsession des Normalen, sie ist *trotz* Freud bloß noch schlimmer geworden.

2. Aus der Vorbemerkung zu der ersten Auflage 1900: »Ich hatte nur die Wahl zwischen den eigenen Träumen und denen meiner in psychoanalytischer Behandlung stehenden Patienten. Die Verwendung des letzteren Materials wurde mir durch den Umstand verwehrt, dass hier die Traumvorgänge einer unerwünschten Komplikation durch die Einmengung neurotischer Charaktere unterlagen.«[134] – Er macht dann von Träumen der Patienten *reichlich* Gebrauch.

3. »Im Verlauf meiner Psychoanalysen [...] habe ich wohl bereits über tausend Träume zur Deutung gebracht, aber dieses Material möchte ich hier nicht zur Einführung in die Technik und Lehre der Traumdeutung verwenden. Ganz abgesehen davon, dass ich mich dem Einwand aussetzen würde, es seien ja die Träume von Neuropathen, die einen Rückschluss auf die Träume gesunder Menschen nicht gestatten [...]«[135]

4. Es sei überaus »misslich, Schlüsse aus« den Träumen von »neurotischen, speziell hysterischen Personen« zu ziehen, »die für den Traum im allgemeinen gelten sollen«, denn deren Eigenschaften »könnten durch die Natur der Neurose und nicht durch das Wesen des Traums bedingt sein«.[136]

5.[137]

6.[138]

und diese Beschreibung bleibt wahr, auch wenn die Wahrnehmung sich als trügerisch herausgestellt hat. Die Beschreibung darf nun den Bestand des Phänomens, des Erlebnisses um keinen Zoll überschreiten.«

133 Sigmund Freud, *Die Traumdeutung* (1900; hier 1914), St., Bd. 2, S. 367.
134 Sigmund Freud, *Die Traumdeutung* (1900), Studienausg., Bd. 2, S. 21.
135 Ebd., S. 124.
136 Ebd., S. 214.
137 [Zensur.]
138 [Zensur.]

Sind »manifeste« Inhalte unbedeutend?

Werfen wir erneut einen Blick auf den »Irma-Traum«, der eine Schlüsselstellung einnimmt, weil an ihm Freud seine Traumdeutung demonstriert: »›Ich mache Irma [also der Freundin und Patientin] Vorwürfe, dass sie die Lösung nicht akzeptiert hat; ich sage: Wenn du noch Schmerzen hast, ist es deine eigene Schuld.‹ Das hätte ich ihr auch im Wachen sagen können. [...] Ich merke aber an dem Satz, den ich im Traume zu Irma spreche, dass ich vor allem nicht schuld sein will an den Schmerzen.«[139] Der Sinn des Traums erscheint an dieser Stelle nicht vernebelt; manifester und latenter Inhalt treten hier *nicht* auseinander. Die Wunscherfüllung leuchtet unmittelbar ein. Und so stellt Freud fest: »Was man [...] träumt, ist *entweder* manifest als psychisch bedeutsam zu erkennen, *oder* es ist entstellt und *dann* erst nach vollzogener Traumdeutung zu beurteilen, worauf es sich wiederum als bedeutsam zu erkennen gib.«[140]

Was sagen Neurobiologen? Edward O. Wilson

1. Als ein Beispiel für die Behauptung, Freuds Methode der Traumdeutung sei durch die Neurobiologie »widerlegt«, verweise ich auf das Buch *»Die Einheit des Wissens«* des Ameisenforschers und Soziobiologen Edward O. Wilson. Freuds »Traumdeutung« beruht laut Wilson auf »falschen Vermutungen«.[141] Die (seiner Meinung nach) neurologisch richtige Theorie über das Träumen: Der Traum entstehe im Organismus, der aufgrund des Schlafes von sinnlichen Eindrücken weitgehend abgeschnitten ist (genau davon geht auch Freud aus) und dessen Gehirn gleichwohl mit Boten-

---

139 Sigmund Freud, *Die Traumdeutung* (1900), Studienausgabe, im Bd. 2, S. 128.
140 Ebd., S. 195. Meine Hervorhebungen.
141 Edward O. Wilson, *Die Einheit des Wissens*, Berlin 1998, S. 101 ff.
142 Freud spricht von einer »motorischen Lähmung im Schlaf« sowie einer »halluzinatorischen Besetzung der Wahrnehmungssysteme« (Sig-

stoffen vermeintlich Daten der Außenwelt empfängt (die neurobiologischen Vorgänge waren Freud unbekannt; sie widersprechen seinem Ausgangspunkt aber, soweit ich sehe, in keiner Weise).[142] Diese Daten werden nun nach Mustern des Wachzustandes entschlüsselt. Darum können sie keinen Sinn ergeben. Der Traum ist »temporärer Wahnsinn«, das heißt, eine Entschlüsselung ohne reale, sinnliche Daten der Außenwelt.

2. Was auch immer wir mit Wilsons Hirnweisen anfangen können, sie haben keine Auswirkung auf die Frage, ob Freud im Recht ist oder nicht. Dies bemerkt auch Wilson: Die Aufklärung der neurobiologischen Vorgänge sage noch nichts über den Trauminhalt aus. Denn auch wenn zufällige Daten übermittelnde Botenstoffe das Träumen auslösen, so wäre es doch interessant zu wissen, warum wir sie in der einen oder anderen Weise entschlüsseln. Wir geben den chaotischen chemischen Botschaften einen Sinn und orientieren uns hierbei – selbstverständlich – an dem, was wir kennen oder wünschen. Wilson wendet sich einem Trauminhalt zu, den Freud einige, wohlgemerkt: wenige Male[143] angesprochen hat, dem Angsttraum mit Schlangen. Die Verbreitung des Schlangentraums schließt weitgehend aus, dass es sich um ein Zufallsprodukt handelt. Die »Arbeitshypothese«, die Wilson formuliert, lautet: Für Primaten ebenso wie für den Urmenschen stellten Schlangen eine große Bedrohung dar. Die Vorsicht vor Schlangen ist ein biologischer Imperativ. Dieser Imperativ könne sich durchaus im »kollektiven Unbewussten« (damit knüpft Wilson an den problematischen Begriff C. G. Jungs an, der mit der Theorie Freuds nicht still-

---

mund Freud, *Die Traumdeutung* [1900], Studienausgabe, im Bd. 2, S. 333, S. 523). »Das Träumen setzt sich an Stelle des Handelns« (S. 142) und, so wäre zu präzisieren: *weitgehend* an Stelle des sinnlichen Wahrnehmens der Außenwelt.

143 In der *Traumdeutung* wird die Schlange nur 3 Mal in untergeordneter Rolle erwähnt (Studienausgabe, im Band 2, Symbolregister S. 630).

schweigend gleichgesetzt werden sollte), vielleicht sogar im genetischen Code niedergeschlagen haben. Diejenigen Personen, die eine besonders produktive Angst vor Schlangen zeigten, hatten die größeren Überlebenschancen und darum vermehrten sie sich derart breit, dass heute alle Menschen über diesen Schutzmechanismus verfügen, selbst wenn er nicht mehr für alle Menschen notwendig ist.

3. Die Arbeitshypothese hat zwei entscheidende Fehler: Zunächst einmal kann Wilson trotz seiner beeindruckenden Zahlen über die Todesrate aufgrund von Schlangenbissen – z. B. in Burma: 36,8 Tote auf 100 000 Einwohner – nicht zeigen, dass der Tod durch Schlangenbiss bei Primaten und Menschen in Relation zu den anderen Todesursachen hervorsticht. Ein solcher Nachweis wäre aber notwendig. Denn es wäre evolutionsbiologisch nicht einzusehen, warum eine relativ minder wichtige Todesursache in unser »kollektives Unbewusstes« oder unseren genetischen Code Einzug hält, wogegen andere, relativ bedeutendere Todesursachen dies nicht tun. Da der Urmensch durch vielerlei Todesursachen bedroht wurde, reicht es logisch gesehen also nicht aus, ein einzelnes Verhalten wie Furcht vor Schlangen isoliert zu betrachten. Ziehen wir nur einen einzigen weiteren Faktor hinzu, zeigt sich, wie komplex die Sache wird. Nehmen wir an, dass der Urmensch neben dem Schlangenbiss auch durchs Verspeisen von giftigen Pilzen bedroht war. Sofort fragen wir uns: Warum hat denn nicht ein Angsttraum vor giftigen Pilzen auch Zugang zu unserm »kollektiven Unbewussten« oder zu unserm genetischen Code gefunden? Dies wäre bloß dann einsichtig, wenn man beweisen könnte, dass die Bedrohung durch giftige Schlangen über einen langen Zeitraum hinweg bedeutender als die durch giftige Pilze[144] gewesen ist. Darüber hinaus gibt es einen zweiten Schwachpunkt in der Arbeitshypothese von Wilson. Da er so ganz auf empirische Fakten setzt, leuchtet nicht ein, warum er Freuds

Beobachtung, dass der Traum von Schlangen – meist? stets? – mit sexuellen Vorstellungen assoziiert auftritt, nicht beachtet. Die Assoziation von Schlangenangst mit einer unterdrückten sexuellen Lust ist keine reine Deutung von Freud, sondern zunächst eine empirische Feststellung.[145] Geben wir probehalber zu, dass die erste Ursache für die Angst vor Schlangen eine biologische Funktion im Überlebenskampf der Urmenschen hatte; so spricht Freud denn auch von einer »dem Menschen natürlichen Furcht vor der Schlange«.[146] Das schließt logisch gesehen jedoch nicht aus, dass diese Angst unter zivilisatorisch weiter- und höhergezüchteten, neurotischen Menschen, die keinerlei Angst vor Schlangen mehr benötigen, einen ganz anderen Inhalt kriegt, der ein rein psychologisches Wesen hat. Mit dieser Überlegung lässt sich Freuds »Traumdeutung« noch nicht als gesichert ansehen. Wohl ist aber bewiesen, dass Wilsons Zurückweisung von Freud aufgrund von neuro- und soziobiologischen Annahmen unbegründet ist.

4. Im Übrigen stellt Wilson Freuds Theorie unrichtig, zumindest ungenau dar. Symbolische Deutung von Träumen ist nur ein Nebenaspekt. Was bei Wilson ganz fehlt, ist die funktionale These vom Traum als Wunscherfüllung. Diese These beruht auf der Erkenntnis, dass in Träumen keine anderen bzw. kaum andere als innere Wahrnehmungsdaten zugänglich seien. Das heißt, Wilsons Behauptung über die neurologische Entstehungsbedingung des Traums lässt sich nicht nur nicht gegen Freud in Stellung bringen, sondern sie wird durch Freud geradezu vorweggenommen.

5. Die Arbeitshypothese Wilsons klingt auch insofern merkwürdig, denn die Frage müsste lauten, weshalb die Warnung

[144] Unter den Pilzen eignet sich, by the way, besonders die Gemeine Stinkmorchel *(Phallus impudicus)* für allfällige Sexoziationen.
[145] Oder wird diese Assoziation durch die anal-ytische Methode hervorgerufen? Durch den Analytiker suggeriert?
[146] Sigmund Freud, *Die Traumdeutung* (1900), Studienausg., Bd. 2, S. 342.

vor Schlangen sich ziemlich unspezifisch gerade in Träumen ausdrücke. Wenn Träume als »Warnungen« wichtig wären, warum werden sie zumeist vergessen? Sowie: Aus welchem Grund warnen Schlangenträume nicht alle Menschen? Und nicht vor den übrigen Gefahren? Werden Menschen, die ein Schlangentraum »gewarnt« hatte, dann auch seltener von Schlangen gebissen? Andernfalls hätte der Traum in seiner Funktion als Warnung versagt und – evolutionsbiologisch gesehen – sich damit auch nicht verbreiten dürfen. Oder was für Überlebensvorteile realisieren Menschen mit Schlangenträumen tatsächlich?

6. Auf jeden Fall bestätigt die Arbeitshypothese von Wilson auch Freuds Ausgangspunkt, dass es sich bei Träumen um vollgültige psychische Gebilde handelt, nach Wilson stärker noch der normalen wachen Rationalität ähnlich (nämlich zur sinnvollen Warnung) als nach Freuds Theorie von Verdichtung und Verschiebung. Wilsons Kennzeichnung der Träume als »temporärer Wahnsinn« hätte sich durch ihn selber erledigt.

Was sagen Neurobiologen? Jan Born

1. Jan Born, neurowissenschaftlicher Schlaf- & Gedächtnisforscher, zieht die Vorstellung in Zweifel, ein Traum finde über eine Zeitspanne während des Schlafens statt: »Es ist die Regel, dass Träume nicht erinnert werden. Ohnehin ist das Gehirn im REM-Schlaf wohl nicht in der Lage, tatsächlich traumartige Erlebnisse in der Weise zu produzieren, wie wir sie nach dem Aufwachen erinnern. Das heißt, was wir tatsächlich im REM-Schlaf erleben, wissen wir nicht. Der Traum, an den wir uns nach dem Aufwachen vermeintlich erinnern, ist eine Leistung des wachen Gehirns. Es versucht sich an etwas zu erinnern, was zuvor während des Schlafs angeblich erlebt wurde. Ob es sich bei dem erinnerten Traum nur an eine fehlerhafte Rekonstruktion eines vermeintlichen

Erlebnisses handelt, wissen wir nicht. Aber aufgrund der Gehirnaktivität im REM-Schlaf können wir annehmen, dass da nicht viel erlebt wird und das Gehirn von dem, was da im REM-Schlaf passiert, auch nicht viel behalten kann.«[147] Und so: »Für den Schlaf- und Gedächtnisforscher Jan Born, 54, sind sogar unsere Träume Konstrukte: Erfindungen, die das erwachende Gehirn aus den Nervensignalen der letzten unruhigen Schlafminuten zusammenbaut. Er kann das zwar nicht beweisen. Aber seine Gegner, die an ein reales Traum-Erleben glauben, ›aus reiner, laienhafter Intuition heraus‹, wie der Psychologe schimpft [?], können ihren Standpunkt ebenso wenig belegen.«[148]

2. Die These Jan Borns würde Freud sicherlich enttäuschen, vielleicht sogar schockieren. Bei näherem Hinsehen widerlegt sie die »Traumdeutung« allerdings genauso wenig wie Edward O. Wilson. Die Assoziationen aus vermeintlich im Schlaf Erinnertem sowie aus »frei umherschweifenden« Gedanken, die Gegenwärtiges, Vergangenes und Vorwegnehmendes verbinden, hätten genau die gleiche Qualität, die Freud dem Traum zugesprochen hat. Tatsächlich geht die enttäuschendste Nachricht an Edward O. Wilson: Jan Born zeigt, dass sich das (Langzeit-) Gedächtnis im traumlosen Tiefschlaf bildet und nicht – wie von Neurowissenschaftlern bislang angenommen – in der traumintensiven REM-Phase.[149] Das hieße, die Arbeitshypothese, (Angst-) Träume mit z. B. Schlangen seien eine kollektive, menschheitsgeschichtlich erinnerte Warnung vor deren Gefährlichkeit, würde noch mehr an Erklärungskraft verlieren.

---

147 Jan Born, in einem Interview, »Der Tagesspiegel«, 17. 07. 2013.
148 Judith Rauch, *Die Macht des traumlosen Schlafes*, in: Bild der Wissenschaft 12/2012, S. 32.
149 Vgl. Jan Born u. a., *Boosting Slow Oscillations During Sleep Potentiates Memory*, in: Nature, Bd. 444, Nr. 7119, November 2006, S. 610ff. Sowie Jan Born u. a., *Odor Cues During Slow-Wave Sleep Prompt Declarative Memory Consolidation*, in: Science, Bd. 315, Nr. 5817, März 2007, S. 1426ff.

Allerdings könnte die Funktion, die Freud dem Traum als »Wächter des Schlafes« zugesprochen hat, in dieser Weise nicht aufrechterhalten bleiben (was der »Traumdeutung« weder vieles hinzutun, noch ihr vieles wegnehmen würde). Die Funktion des über den Schlaf Wachens könnte allenfalls der Schlussphase beim Erwachen gelten. Hingegen würde Borns These die Bequemlichkeitsträume erklären, die für Freud so wichtig waren. Aber auch solche Träume, in denen geliebte gestorbene Personen noch einmal halluzinatorisch zum Leben erweckt werden. Gleichwohl würde man ebenso von Born gern eine Erklärung für die Funktion des Traums haben, denn gerade für einen Naturwissenschaftler sollte die Antwort, eine so signifikante und einzigartige Denktätigkeit wie das Träumen sei ohne Funktion und ein rein zufälliges Nebenprodukt,[149a] eher unbefriedigend sein. Es wird aber doch nicht *keine* Bedeutung haben, wie und warum das Gehirn ein »›pseudosinnvolles‹ Ganzes« so und nicht anders hergestellt hat. Der Satiriker Mynona[149b] machte sich in der Serie »*Das Eisenbahnglück oder der Anti-Freud*« 1925 darüber lustig, wie gegen Freud stets wieder eingewandt werde, bedeutsame Alltagshandlungen geschähen »rein zufällig«. Eine Gruppe älterer Herrn begibt sich dran, Freud zu widerlegen. Reihum erzählen sie, dass ihre sexuellen Erlebnisse samt und sonders keinem Wunsch und vor allem nicht etwa einem – igitt!, sexuellen – Bedürfnis entspritzen. Vielmehr erwachsen sie aus reinem, einer äußerlichen Einwirkung geschuldetem Zuphalle, wie etwa einem Einsenbahn*un*glück, durch das einer der Herren zufällig, ohne sein Zugtun, geschweige denn durch seine Absicht auf eine junge, attraktive Frau geworfen und derart zum Vollzug des Koitus gleichsam

---

149a Der Traum sei »ein weitgehend ›sinnloser‹ physiologischer Prozess [...], bei dem größtenteils zufällige Entladungen des Hirnstamms von anderen Teilen des Gehirns aufgenommen und zu einem ›pseudosinnvollen‹ Ganzen verarbeitet werden«, wie Thomas Städtler in seinem »*Lexikon der Psychologie*« ([1998], Stuttgart 2003, Lemma »Traum«) darstellt.

gezwungen wurde. Bis heute hat an solch albernen Abwehrreaktionen gegen Freud sich auch und gerade in der Wissenschaft nichts geändert.

3. Überdies würde die These von Jan Born den Zusammenhang zwischen Schlaftraum und Tagtraum noch stärker herstellen. Der Traum im Schlaf bzw. – nach Born – in der Aufwachphase wäre tatsächlich nichts anderes als eine Art Tagtraum. Dennoch sind die Unterschiede zwischen Schlaf- und Tagtraum immens. Die Tagträume werden, auch wenn es ein chaotisches Hin und Her zwischen Schauplätzen und Gedanken geben kann, kaum je so gegen die Regeln der Logik und der Wahrnehmung verstoßen, wie es die Schlafträume mitunter tun. Dies wäre in der These von Born erklärungsbedürftig. Mit der These Jan Borns stimmt dagegen überein, dass beim Erwachen Angst auftreten kann. Sie bräuchte nun nicht als Resultat des Traums angesehen zu werden (was für Freuds Funktionsbestimmung des Traums als »Wächter des Schlafes« so hinderlich ist), sondern der Erinnerung an die Angst, die der Erwachende im wachen Leben hat. Aber: Wer oder was wacht dann über den Anfang des Schlafs, reduziert Angst und Anspannung des Lebens so weit, dass man einschläft und weiterschläft? Und selbst wenn dies allein mit unwillkürlichen Neurotransmittern o. ä. zu erklären wäre, hätte das, was diese im Gehirn als »Nebenwirkung« auslösen, psychische Signifikanz. – Goodman:[149c] »Freud besaß das Genie, auf Themen zu stoßen, die trivial und irrelevant waren und zugleich eine universelle gemeinsame Erfahrungsbasis haben. Erinnerungslücken, ›bedeutungslose‹ kleine Gesten: diese galten als trivial; Träume wurden nie als trivial angesehen, waren aber irrelevant. Was?, wie konnten diese

---

149b Pseudonym des Philosophen Salomo Friedlaender (1871-1946). *Das Eisenbahnglück oder der Anti-Freud*, Berlin 1925. – In den »*Gesammelten Schriften*« (2005 ff) über die beiden *Grotesken*-Bände (2008) verstreut.
149c Paul Goodman, in der Einleitung zu: Sigmund Freud, *On War, Sex and Neurosis*, hg. v. Sander Katz, New York 1947, S. 7.

Dinge trivial und irrelevant sein und zugleich zur universellen gemeinsamen Erfahrungsbasis gehören?«

4. Demnach müsste eine Rückfrage an die These von Jan Born lauten: Warum gibt es unter Menschen (und, vielleicht, sogar höher entwickelten Tieren) das universelle Phänomen des Traumes, seiner Wichtigkeit und Bedeutung? Warum wird Schlaf universell mit dem »süßen Land der Träume« assoziiert, wenn es sich nicht um eine vollzogene Wunscherfüllung handelt?

5. Weckträume – ein Aus-dem-Schlaf-Schrecken aufgrund eines Albtraums: Spiegelt sich in dieser Erfahrung nur eine Illusion? So müsste es sein, falls Born recht hat.

6. Die von Freud in Traumberichten beobachtete Mischung aus Zensurumgehung und Fortwirken der Zensur würde sich mit Borns These allerdings sehr gut erklären lassen: Es handelt sich wirklich um einen Schwebezustand zwischen dem Schlafen und dem Wachen.

Träume erfüllen Wünsche!?

1. Die Probleme, alle Träume als eine Wunscherfüllung zu deuten, auch unangenehme, peinliche und gar Angstträume, wurden – und sie werden immer noch – herangezogen, um Freud und die Psychoanalyse zu verspotten. Nun lässt sich diese Funktionsbestimmung, der Traum sei eine Wunscherfüllung (weil diese im Dienst als Hüter des Schlafes steht), nicht aus der Deutung als wahr erweisen; sie ist der Deutung vielmehr vorausgesetzt. Lässt sich diese Voraussetzung beweisen? Leichter noch als die übergeordnete Behauptung, der Traum sei Wächter des Schlafes.[150]

2. »Freuds Wunscherfüllungstheorie erwies sich als nicht zutreffend [...]. Wir haben gesehen, dass REM-Deprivation zu keinerlei Erhöhung der Antriebsbereitschaft für sexuelle

---

[150] Zur experimentellen Bestätigung der Wächter-These: Mark Solms, *The Neuropsychology of Dreams* (1997), New York 2014, S. 164f.

oder andere Triebregungen führte. Wünsche sind als Trauminhalte äußerst selten, in der Regel dominieren Ereignisse
des vergangenen Tages«.[151] Zwei interessante Argumente.
Das erste, REM-Deprivation führe zu keiner Erhöhung der
Antriebsbereitschaft für sexuelle oder andre Triebregungen,
ist typisch für eine Form experimenteller »Überprüfung«
der Freudschen Theorie, indem diese so umgedeutet wird,
dass sie zu den Experimenten passt (und nicht umgekehrt,
die Experimente so designed werden, dass sie die Theorie
überprüfen). Denn die Theorie der Wunscherfüllung bezieht bei Freud sich darauf, der Traum erfülle *ad hoc* einen
Wunsch, damit er den Träumenden nicht veranlasse, aufzuwachen, um für die Wunscherfüllung aktiv werden zu müss-
können. Insofern taugt das Experiment zur Überprüfung
der Theorie nicht. Die Behauptung, Traumentzug (*falls* der
durch REM-Deprivation bewirkt werden kann!) führe zur
Erhöhung der Antriebsbereitschaft für sexuelle oder andere
Triebregungen, hat Freud meines Wissens nicht aufgestellt.
3. Das zweite Argument, Wünsche seien als Trauminhalte
äußerst selten, ist besonders unverständlich. Denn genau
dies hat ja auch Freud beobachtet. Der Wunsch ist seiner
Theorie nach nicht notwendig im (manifesten) Trauminhalt
unmittelbar sichtbar, stellt sich vielmehr meist erst durch
Analyse als *latenter* Inhalt dar. Der Traum stellt die Wunscherfüllung dar, nicht den zugrundeliegenden Wunsch. Dieser
lässt sich oft bloß analytisch erschließen.
4. Das Argument von Freud für die Funktion des Traums als
Wunscherfüllung ist m. E. überzeugend: Jede Tätigkeit muss
einem Wunsch (Bedürfnis) entspringen bzw. jeder Tätigkeit
geht ein Wunsch (Bedürfnis) voran. Aufgrund der Schlaf-
situation, d. h. der Unfähigkeit zu bewusster, zielgerichteter
Tätigkeit, also Wunscherfüllung (Bedürfnisbefriedigung),

---

[151] Niels Birbaumer und Robert F. Schmidt, *Biologische Psychologie* (1990), Berlin 2010, S. 562.

muss der Traum aufkommende Wünsche (Bedürfnisse) als befriedigt darstellen, denn andernfalls würden sie zum Aufwachen führen, um bewusst planen, zielgerichtet handeln zu können. Das ist die »halluzinatorische Besetzung der Wahrnehmungssysteme«, von der Freud spricht.[152] Das Reich der Träume ist »süß«, weil in ihm Wünsche allein Kraft der Gedanken in Erfüllung gehen, ohne Kraftanstrengung oder Aufschub. Der Traum wird in der Regel nach dem Erwachen wieder vergessen, weil er seine Funktion bereits erfüllt hat. Unbefriedigend sind sowohl die neuro- & soziobiologische These, der Traum habe gar keine Funktion (weil nicht einleuchten kann, dass ausgerechnet die Traumtätigkeit keine Funktion habe, während alle anderen organischen Vorgänge funktional gedeutet werden), als auch die psychologische These, der Traum sende eine existenzielle Botschaft (denn die meisten Träume, nämlich die vergessenen, wären dann »verschwendet«).

5. In *»Jenseits des Lustprinzips«* (1920)[153] lässt Freud als »Ausnahme« für die Traumfunktion der Wunscherfüllung solche Angstträume zu, die als Folge von Traumatisierung auftreten. Der Begriff »Ausnahme« steht hier allerdings nicht für die sprichwörtliche »Ausnahme für die Regel«, meist eine Entschuldigung für schlampige Argumentation oder gar für Beliebigkeit. Denn der Angsttraum als Folge von Traumatisierung dient, so Freud, der Reizbewältigung; eine solche wäre Vorbedingung dafür, dass das Lustprinzip wieder zur Geltung kommen könnte. Diese Argumentation von Freud führe ich hier an, weil sie beweist, dass Freud mit »Wunscherfüllung« tatsächlich die (halluzinatorische) Erfüllung eines Wunsches im Hier und Jetzt des Traums meint.

152 Sigmund Freud, *Die Traumdeutung* (1900), Studienausgabe, im Bd. 2, S. 523. Viele Kritiker von Freud haben bis heute nicht verstanden, dass ein »vollgültiges psychisches Phänomen« nicht per se bewusst sein muss.
153 Sigmund Freud, *Jenseits des Lustprinzips* (1920), Studienausgabe, Bd. 3, S. 242.

Die exaktere Definition lautet: Jeder Traum stelle »immerhin« den »Versuch einer Wunscherfüllung«[154] dar, bzw. der Herstellung der Bedingung der Möglichkeit einer Wunscherfüllung.
X.[155]

Hat wer scho' ma' 'ne Verschiebung g'seh'n?
1. Verschleierung eines Wunsches, welcher gegen die Zensur verstoßen würde, durch seine »Verschiebung« ist neben »Verdichtung« der poetische Kern der »Traumdeutung« Freuds. Während die Formgebung der »Verdichtung«, das heißt eine Zusammenführung verschiedener Personen, Orte oder Dinge, die sich durch Assoziationen des Träumenden oft leicht entwirren lässt, meist wenig Widerstand hervorruft, wird die These einer »Verschiebung« seit Erscheinen der »*Traumdeutung*« heftig bekämpft. Die Hauptanklage: Da die »Verschiebung« an sich nicht zu beobachten sei, bleibe die Deutung einer Handlung, eines Gedankens, eines Traums als Ausdruck des verschobenen Wunsches beliebig. Die Anklage setzt aber voraus, dass die »Verschiebung« als Deutung einer vom Träumenden differenten Person, eines Experten, ohne Mithilfe des Träumenden selbst gedacht ist. Die »Verschiebung« wäre dann analog etwa der Diagnose einer Wanderniere zu verstehen. Auf diese Art und Weise geht die »Traumdeutung« Freuds nun ausdrücklich nicht vor: »Eine nicht zu beherrschende Quelle der Willkür und Unsicherheit ergibt sich [...] aus dem Umstand, dass das Traumelement den Deuter an verschiedene Dinge und jeden an etwas anderes erinnern kann. Die Technik, die ich im Folgenden auseinandersetze, weicht von der antiken in dem

---
154 Sigmund Freud, *Revision der Traumlehre* (aus der *Neuen Folge der Vorlesungen zur Einführung in die Psychoanalyse*, 1933 [1932]), Studienausgabe, im Band 1, S. 471. Oder anders ausgedrückt: Ein misslungener Versuch ist kein Beweis eines Nichtvorhandenseins der Intention.
155 ¿Wo steckt #6?

einen wesentlichen Punkte ab, dass sie dem Träumer selbst die Deutungsarbeit auferlegt. Sie will nicht berücksichtigen, was dem Traumdeuter, sondern was dem Träumer zu dem betreffenden Element des Traumes einfällt.«[156]

2. Kann man Verschiebung wenigstens indirekt beobachten bzw. erschließen? Ein Experiment aus den 1960er Jahren: Zwei Personen, eine Frau und ein Mann. Beide weckte man unter Laborbedingungen über einige Nächte aus dem REM-Schlaf, was regelmäßig dazu führt, dass Träume erinnert werden. Man bat die Personen nun, dem Versuchsleiter ihre Träume zu berichten. Zudem befanden sie sich in psychoanalytischer Behandlung; auch die Psychoanalytiker baten sie je um ihre Träume. Die Versuchspersonen selektierten, welche Träume sie wem berichteten. Die Frau berichtete etwa feindliche oder sexuelle Träume über den Versuchsleiter – was wohl keinen, ausgenommen Wissenschaftler in einer derartigen Laborsituation, überrascht – diesem nicht, dagegen ihrem Psychoanalytiker. Der Mann berichtete seinem Psychoanalytiker zum Beispiel keine Träume mit homoerotischen Anteilen, jedoch dem Versuchsleiter. Die Eigenschaften dieser Traumgedanken – »feindlich«, »sexuell«, »homoerotisch« usw. – waren am manifesten Inhalt allerdings oft nicht als solche zu erkennen, sodass die Selektion voraussetzte, dass die Versuchspersonen den latenten Inhalt zumindest unbewusst erkannten und darum Angst vor einer Entdeckung hatten.[157]

3. »David, dessen Lern- und Gedächtnisstörungen zu den schwersten je dokumentierten Fällen gehören, kann überhaupt nichts Neues lernen. [...] Über einen Zeitraum von einer Woche konnten wir David unter kontrollierten Bedin-

---

[156] Sigmund Freud, *Die Traumdeutung* (1900; hier 1914), Studienausgabe, im Band 2, S. 119. Das bedeutet wohlgemerkt *nicht*, dass jede Vermutung oder Alltagstheorie des Patienten »woher (s)ein Symptom kommt« richtig sei. Dies ist eine gemeinsame Erforschungsarbeit, meinetwegen Analyse.
[157] Das ursprüngliche Experiment: Roy M. Whitman, Milton Kramer, and

gungen drei völlig verschiedenen Arten von menschlichen Interaktionen aussetzen. [...] Good Guy, [...] neutraler Guy, [...] Bad Guy. [...] Nachdem wir David Gelegenheit gegeben hatten, die Erfahrungen dieser Begegnungen zu verarbeiten, forderten wir ihn auf, sich Gruppen von vier Fotos anzusehen, die die Gesichter der drei an dem Versuch beteiligten Assistenten enthielten und fragten ihn: ›Zu wem würdest du gehen, wenn du Hilfe brauchst?‹ [...] Davids Antworten waren höchst auffällig. Wenn die Person, die sich ihm gegenüber positiv verhalten hatte, zu der Viererguppe gehörte, wählte David den Good Guy in 80 Prozent der Fälle, woraus folgt, dass die Wahl keineswegs zufällig erfolgte – wäre nur die Wahrscheinlichkeit maßgeblich gewesen, hätte sich David für jedes der vier Fotos in 25 Prozent der Fälle entscheiden müssen. Im Rahmen dieser Wahrscheinlichkeit blieb dann auch Davids Wahl der neutralen Person. Der Bad Guy dagegen wurde fast nie gewählt, was ebenfalls klar von einem zufälligen Verhalten abwich.«[158]

Dieses Experiment hat unmittelbar weder etwas mit Traum noch mit Verschiebung zu tun. Was es zeigt, ist, dass es sehr wohl – vorsichtig ausgedrückt: – nicht-bewusste Verhaltenspräferenzen gibt. Und nichts anderes brauchen wir, um Verschiebung als eine (naturwissenschaftliche) Möglichkeit in Betracht ziehen zu können. Das Problem der Beweisbarkeit von Verschiebung, von Verdrängung, vom Konzept des Unbewussten ganz allgemein, wird uns nicht verloren gehen ...

4. »Freud sagt [...], es lohne sich stets, bestimmte Elemente eines Traumes [...] umzudrehen. Angenommen, ich träume, mein Chef sei zu festlich angezogen, dann kann dies den Wunsch verbergen, ihn nackt zu sehen. [...] Hier wird die

Bill Baldridge, *Which Dream Does the Patient Tell?*, in: »Archives of General Psychiatry«, März 1963, Vol. 8, No. 3, S. 277-282. Der spätere Bericht eines der Durchführenden: Milton Kramer, *The Dream Experience: A Systematic Exploration* (2007), London 2013, S. 36f.
158 Antonio Damasio, *Ich fühle, also bin ich* (1999), München 2002, S.59ff.

ganze Verschiebungsangelegenheit, so wie Freud sie sah, schließlich absurd, denn auf diese Weise können wir einem Traum jede uns pussyende Bedeutung gegen. Die Annahme, eine Sache können sowohl etwas ganz Bestimmtes wie auch das genaue Gegenteil bedeuten, wäre in jedem anderen Wissenschaftsbereich undenkbar«.¹⁵⁹ Hier haben wir sie in ¿Rein!kultur, jene so merkwürdige Annahme, aus Freuds »Traumdeutung« müsse folgen, der latente Traumgedanke könne – sobald er vom Träumenden berichtet wurde – eine durch einen Experten vorgenommene Deutung ganz ohne weiteres Zutun des Träumenden erfahren. Diese Deutung stoße auf eine verdinglichte Wahrheit des Traums, die dann mit dem Träumenden nichts mehr zu schaffen hätte. Wer Verschiebung so definiert, macht es sich leicht, über deren Annahme den Kopf zu schütteln und Freuds ganze Theorie »absurd« zu nennen. Allerdings hat eine dergestalte Definition mit Freud kaum noch etwas gemein. Auf die Weise lässt Freud sich nicht widerlegen. – Hätte Ann Faraday den Traum vom *overdressed* Chef mir erzählt, würde ich sie fragen (und annehmen, dass Freud oder Fritz Perls das ebenso getan hätten), *ob* sie sich denn wünschen würde, den Chef nackt zu sehen; und beobachten, wie sie darauf repussyert.

5. Festzuhalten bleibt m. E., dass die Formbestimmung des Traums als Verschiebung (und Verdichtung) eine Möglichkeit bietet, den Traum als etwas anderes denn »temporären Wah¿r?sinn« oder ähnlichen Unsinn zu definieren. Es will mir nicht einleuchten, dass gerade Naturwissenschaftler so hartnäckig auf dieser Definition bestehen. Ein Organ, das normalerweise dafür geschaffen ist, Sinn zu produzieren, soll regelmäßig davon abweichen? Und ein Produkt dieses Organs, das so regelmäßig auftritt wie der Traum, soll nun auf einmal gänzlich ohne Sinn bleiben? Da Träume auf der anderen Seite sehr häufig vom Alltagssinn abweichen und gegen Erfahrung wie auch Logik verstoßen, kann ihnen, so-

weit ich überblicke, auf keine andre Weise Sinn beigemessen werden, als dass ihr Sinn »vorsexben« sei.

6. Die emotionale Wucht hinter der Abwehr gegen Freuds These der Verschiebung von Wünschen im Traum erwächst, psychoanalytisch gesehen, dem Wunsch, keine geheimen, sozial unverträglichen oder den eigenen ethischen Regeln widerstreitende Wünsche zu hegen. Sie gleicht der Reaktion des trotzigen Kindes, das bei der Übertretung einer durch eine Autorität gesetzten Regel sich ertappt fühlt und nun alles ableugnet. Wird mit dieser Deutung die Psychoanalyse gegenüber Kritik auf unlautere Weise immunisiert? Diese Frage ist schwer zu beantworten, denn ja, es liegt darin eine gewisse Immunisierung. Die Behauptung, es gäbe Menschen und sogar derer viele, die zu keinem Zeitpunkt ihrer sozialen oder individuellen Ethik widersprechende Wünsche verspüren, verstieße allerdings gegen alle Erfahrung. Und die aus der Erfahrung, dass es solche Wünsche tatsächlich gibt, resultierende Annahme, deren Kraft wüsste sich irgendwo und irgendwie im Geheimen und Verborgenen Ausdruck zu verschaffen, also durch Verschiebung, ist vielleicht nicht in gleicher Weise zu beobachten, liegt aber jedenphalls ziemlich nahe.

Wie egoistisch ist man im Traum?

Träume »sind sämtlich absolut egoistisch, in allen tritt das liebe Ich auf, wenn auch verkleidet«.[160] Denn »es ist eine Erfahrung, von der ich keine Ausnahme gefunden habe, dass jeder Traum die eigene Person behandelt«.[161] Aber Zusatz des Jahrs 1925: »Da alles, was überhaupt im vorbewussten Denken vorkommt, in den Traum (Inhalt wie latente Traumgedanken) übertreten kann, ist diese Möglichkeit

---

159 Ann Faraday, *Die positive Kraft d. Träume* (1972), Bindlach 1996, S. 101.
160 Sigmund Freud, *Die Traumdeutung* (1900), Studienausg., Bd. 2, S. 171.
161 Ebd., S. 320f.

auch den altruistischen Regungen offen. [...] Das Richtige an obigem Satz schränkt sich also auf die Tatsache ein, dass man unter den unbewussten Anregungen des Traumes sehr häufig egoistische Tendenzen findet, die im Wachleben überwunden schienen.«[162] Freud vermischt das m|oralische Verdikt gegen ein reines Schauen auf den eigenen Vorteil mit einer psychologischen Kateorgie der Egozentrik bzw. des Narzissmus und dementiert damit die eigene Aufklärung. Dass es um etwas Weiteres als um ein selbstbefriedigendes Ich geht, das die Außenwelt nicht bzw. nur schwach wahrnimmt, die Bedürfnisse dabei um so stärker, zu deren Befriedigung jedoch nichts anderes wie die eigenen Gedanken zur Verfügung stehen, lassen die beiden »fundamentalen Bedingungen« des Traums nicht zu, »hallunazitorische Besetzung der Wahrnehmungssysteme«[163] und »motorische Lähmung im Schlaf«.[164] Die Befriedigung findet mittels einer Retroflektion statt. Eine moralische Bewertung der Retroflektion ist sinnlos, da die Traumgedanken keiner bzw. einer bloß schwachen Kontrolle – »die Zensur schläft niemals ganz«[165] – durch ein zur Moralität fähiges Bewusstsein (»Zensur«) unterliegen, und unnötig: »Sie bleiben harmlos, weil sie nicht imstande sind, den motorischen Apparat in Bewegung zu setzen, welcher allein die Außenwelt verändernd beeinflussen kann.«[166]

Ist das Ganze das Wahre?

»Alle Träume derselben Nacht gehören ihrem Inhalt nach zu dem nämlichen Ganzen.«[167] Bei dieser Formbestimmung erläutert Freud nicht, woher sie stammt und wie sie zu be-

---

162 Sigmund Freud, *Die Traumdeutung* (1900, hier 1925), Studienausgabe, im Band 2, S. 274.
163 Sigmund Freud, *Die Traumdeutung* (1900), Studienausgabe, im Bd. 2, S. 523.
164 Ebd., S. 333.
165 Ebd., S. 470.

gründen ist. Eine seiner Setzungen, hier nicht einmal als Vermutung gekennzeichnet. Falls es um eine bloß empirische Aussage sich handelt, würde sie gelten, bis das Gegenteil gefunden wird. Eine andere Begründung gibt Freud nicht. Es ist mir auch nicht ersichtlich, dass die Aussage von großer Wichtigkeit sei: Wenn sie nicht stimmte, würde sich sonst an der »Traumdeutung« nichts ändern müssen. Vielleicht sollte die Aussage als Aufforderung an uns gelesen werden, die Suche nach Sinn und Zusammenhang nicht vorschnell abzubrechen.

Zusatz.

Nach Hegel, *dem* Philosophen des wahren Ganzen schlechthin, hängen die (Traum-)Bilder »vornehmlich äußerlich, nach den sogenannten Gesetzen der sogenannten Ideenassoziation, auf unverständige Weise zusammen, wobei sich freilich auch hier und da Kategorien einmischen können«: »Im Zustande des Träumens [wird] die menschliche Seele nicht bloß von vereinzelten Affektionen erfüllt, sondern [gelangt] mehr, als in den Zerstreuungen der wachen Seele gewöhnlich der Fall ist, zu einem tiefen, mächtigen Gefühle ihrer ganzen individuellen Natur, des gesamten Umkreises ihrer Vergangenheit, Gegenwart und Zukunft und [...] dieses Empfundenwerden der individuellen Totalität der Seele eben [ist] der Grund, weshalb das Träumen bei Betrachtung der sich selbst fühlenden Seele zur Sprache kommen muss.« Eine bemerkenswerte Beschreibung Anfang des 19. Jahrhunderts. Wenn man sie Freud zuschriebe, würde das sicherlich niemanden wundern.

166 Ebd., S. 541.
167 Ebd., S. 330.
168 G. W. F. Hegel, *Enzyklopädie der philosophischen Wissenschaften im Grundrisse* (1830), § 398, § 405 Zusatz. Werke, Band 10, Franfurt/M. 1986. Für Hegel-Philologen gelten die »Zusätze« aus Schülermitschriften und anderen Überlieferungen als unzuverlässig. Wie das Träumen selbst.

NOT
AT

»Die Angst nimmt mich bei der Hand und führt mich. [...] Ich liebe, ich verehre die Angst. Beinah hätte ich gesagt: Wenn sie bei mir ist, habe ich keine Angst! [...] Die Angst spannt die Pferde aus in dem Moment, wo man zu fahren hätte, und schickt uns Träume mit grundlos niedrigen Zimmerdecken.«
— Ossip Mandelstam, 1928

Zitiert nach *Bahnhofskonzert: Das Ossip Mandelstam Lesebuch*, hg. v. Ralph Dutli, Frankfurt/M. 2015, S. 192.

AUS MEINEM TRAUMTAGEBUCH 4
EIN TRAUM VON THEODOR W. ADORNO

04. 10. 2014

Am Morgen Analyse von Adornos Nazi-Traum.[168] Er behext mich seit langem mit der Botschaft, auch Nazis dürften nicht gequält werden, angedeutet im Ekel beim Erwachen.

1. Der Ekel beim Erwachen ist bereits die Reaktion eines wachen, moralistischen Ich (in der »*Traumdeutung*« gibt es noch kein Über-Ich). Da Ekel-Haben kein Wunsch an sich ist, fragt sich, was ist die Wunscherfüllung im Traum?
2. Zunächst drängt sich die Vermutung auf, der Wunsch sei, die Nazis mögen bestraft werden.
3. Sodann ist Adorno »Herr der Lage«, er hat die Macht zur Bestrafung.
4. Doch ist diese Macht ihm verliehen. Er vollstreckt einen Befehl. Er ist Täter und dennoch unschuldig.[169]
5. An der Grausamkeit ist er nicht weniger [*sic*] schuld. Sie geht auf ein Versagen der Technik[170] zurück. Da er den Auf-

---

[168] »In einer Arena fand, unter meinem Befehl, die Hinrichtung einer großen Anzahl von Nazis statt. Sie sollten enthauptet werden. Aus irgendeinem Grunde aber ging es damit nicht so recht vorwärts. Zur Vereinfachung wurde beschlossen, jedem Einzelnen der Delinquenten solle mit einem Pickel oder einer Spitzhacke der Schädel eingeschlagen werden. Da wurde mir berichtet, vor dieser unsicheren und qualvollen Hinrichtungsweise hätte die Opfer die unbeschreiblichste Angst ergriffen. Mich erfasste vor dem Greuel ein solcher Ekel, dass ich mit dem Gefühl physischer Übelkeit aufwachte.« Los Angeles, Ende März 1944, in: Theodor W. Adorno, *Traumprotokolle*, Frankfurt/M. 2005, S. 33.
[169] Später an den Rand geschrieben: »Dies ist im Text weniger deutlich, als es mir in der Erinnerung war.«
[170] Später an den Rand geschrieben: »Auch das ist im Text nicht so deutlich wie in meiner Erinnerung.«

trag hat, die Hinrichtungen zu vollziehen, ist das Erschlagen per Eispickel (Trotzki!) der geeignete Weg.

6. Vollstreckung von Urteilen, die zu Grausamkeit führt, für die man die Verantwortung abgeben kann, ist Kennzeichen eines Nazi-Gewissens: Hier liegt also eine Identifikation mit dem Täter vor.

7. Meine Vagination gründet wahrscheinlich nicht in der manifesten Botschaft (man quält[171] selbst Nazis nicht), sondern in der latenten Erlaubnis zu sadistischer Fantasie gegen Nazis etc.

Eine Anm. zur Guillotine:[172] Hinrichtungswerkzeug sprichwörtlich für die Französische Revolution, somit eher linker Assoziation, also eine [m]oralische Beruhigung für Adorno. Die Pickel-Trotzki-Assoziation deutet auf den Wunsch hin, sich vorbehaltlos mit dem siegreichen Stalin [der Trotzki, seinen Konkurrenten um die Macht, im mexikanischen Exil 1940 durch einen Agenten mit einem Eispickel erschlagen ließ] identifizieren zu könndürfen (der Traum fand im Krieg gegen dessen Ende statt).[173]

---

[171] Am Rand: »quäle«.
[172] Später mit Stern unter den Text geschrieben: »Sie wird im Text, entgegen meiner Erinnerung, gar nicht ausdrücklich erwähnt. Aber im Traum S. 43!« [Aus Adornos Traum (Los Angeles, 14. Juli 1945): »Hinrichtungsszene. Ob die Opfer Faschisten oder Antifaschisten waren, blieb unklar. Jedenphalls war es eine Schar nackter, athletischer junger Männer. Sie sahen aber aus wie ihre eigenen Plastiken, metallgrün. Die Hinrichtung erfolgte nach dem Prinzip des self service. Jeder lief zu dem Guillotine-Automaten, ohne daß eine Ordnung ersichtlich war, kam ohne Kopf wieder heraus, taumelte ein paar Schritte und fiel tot nieder. Ich erinnere mich an einen Jüngeren, einen Knaben, der wie zum Scherz sich in die Guillotine von vorn drängte, während ein Großer sie von der Seite betrat, auch wirklich die Exekution diesem vor der Nase wegschnappte.«]
[173] Später an den Rand geschrieben: »Diese Interpretation zeigt, wegen ihrer Textverzerrung[en], ggf. mehr über mich als über Adorno.«

WIE BARBARISCH IST DER MONOTHEISMUS?
FREUDS MOSE-STUDIEN

»Ein junger Pharao [...], der zuerst Amenhotep (IV.) hieß wie sein Vater, später aber seinen Namen [in Echnaton] änderte, [...] unternahm es, seinen Ägyptern eine neue Religion aufzudrängen [...]. Es war ein strenger Monotheismus, der erste Versuch dieser Art in der Weltgeschichte, soweit unsere Kenntnis reicht, und mit dem Glauben an einen einzigen Gott wurde wie unvermeidlich die religiöse Intoleranz geboren, die dem Altertum vorher – und noch lange nachher – fremd geblieben«.[174] Der Religion von Echnaton schreibt Freud »Klarheit, Konsequenz, Schroffheit und Unduldsamkeit« zu. Mose, so rekonstruiert Freud psychoanalytisch, war ein Priester dieser neuen Religion, die von den Nachfolgern Echnatons bloß 17 Jahre später wieder aufgelöst wurde. Er suchte sich »ein neues Volk« für seine Religion und fand es in den Juden.[175]

Wenn Freud später den Monotheismus wiederholt als einen

174 Sigmund Freud, *Der Mann Moses u. die monotheistische Religion* (1939), Studienausgabe, im Band 9, S. 471. – In »*The Father of the Psychoanalytical Movement*« untersucht Paul Goodman 1945 in Umkehrung des Vatermordmotivs die Schande, dass Freud zögerte, dies Buch aus Angst vor dem Verdikt der katholischen Kirche zu veröffentlichen: Der Vater der psychoanalytischen Bewegung verrät seine Kinder. Schande jedoch nicht über Freud, sondern die Welt, die »unseren alten Lehrer so verwirrt hat«. Dann geht Goodman der Frage nach, ob es möglich sei, zugleich ein freier Ritter und ein Vater zu sein, offensichtlich ein eigenes Thema des jungen Vaters, und zwar anhand der Bereitschaft Abrahams, seinen Sohn Isaak auf Geheiß Gottes zu opfern. Die Last der Vaterschaft, so Goodman, könne der freie Ritter bloß tragen, wenn er das Ziel seines Handelns gar nicht vor Augen habe: So wird er am Ende gut ausgehen und kein Opfer nötig sein. (*Nature Heals*, hg. von Taylor Stoehr, New York 1977, S. 2-17.)
175 *Der Mann Moses*, ebd., S. 473; S. 478.

»großen Fortschritt«¹⁷⁶ bezeichnet, den (nichtjüdischen, römischen) Christen nachsagt, sie huldigten »unter einer dünnen Tünche [...] einem barbarischen Polytheismus«¹⁷⁷ kann ich das bloß lesen als bittersüße¹⁷⁸ Ironie, wie Freud sie im *»Unbehagen in der Kultur«* (1930) schon angeschlagen hat: Die Kulturentwicklung ist eine wunderbare und segensreiche Erhebung aus der Barbarei, aber sie trägt – »unvermaidlich«! – die Züge der neuen Barbarei auf einer höheren Stufe der Organisation und Durchdringung aller Alltagsbereiche in sich. Der Islam, dessen Monotheismus ohne Zweifel konsequenter als der des (trinitarischen) Christentums ist und dem des Judentums exakt entspricht, macht in der gegen=widerwärtigen politischen Ausprägung aus den Spekulationen Freuds blutige Realitäten.

Freud selber meinte mit den »dünn getünchten« Christen allerdings jene, die sich dem nationalsozialistischen Antisemitismus anschlossen. Diese Analogie freilich kann schon darum nicht überzeugen, weil der deutsche Nationalsozialismus (im Gegensatz zu dem italienischen Faschismus) keine Anleihen an der hellenistischen Kultur machte; und heute eben vor allem von Islamisten getragen wird, deren Monotheismus klar, konsequent, schroff und unduldsam ist.

Die Renaissance des Hindu-Radikalismus allerdings zeigt: Es ist auch nicht wahr, dass Polytheismus »intrinsisch friedfertig« sei und gleichsam als eine Art Versicherung gegen die religiöse Gewalt und Intoleranz wirkt, wie Rolf Schieder meint¹⁷⁹ – und sich dabei ebenfalls auf Freud und Jan Assmann bezieht. Assmann »distanzierte« sich postwendend

---

176 Ebd., S. 534, S. 536, S. 557ff.
177 Ebd., S. 539.
178 γλυκύπικρον (*glykypikron*, bittersüß), eine Wortschöpfung von Sappho.
179 Rolf Schieder, *Sind Religionen gefährlich?*, Berlin 2008, S. 69.
180 Jan Assmann, *Monotheismus und Gewalt*, 2013, online zu finden auf: www.perlentaucher.de/essay/monotheismus-und-gewalt.html
181 Nach der revidierten Luther-Fassung 1984.

von sich selber und zugleich von Freud.[180] Der Atheismus, wenn man ihn denn nicht auch als Religion einstufen will (er wäre dann so etwas wie eine Spielart des Monotheismus), bietet ebenso wenig Gewähr gegen Gewalt; das beweisen die gewalttätigen Regime des Staatskommunismus.

Wie Freud das Massaker im Gründungsmythos des Monotheismus doppelt verdrängt

Der Gründungsmythos der abrahamitischen Religionen aus der »*Thora*«, das Buch »Schemot«, griechisch-lateinisch-deutsch »Exodus«; nach Luther »2. Buch Mose«, Kapitel 32, Verse 15-29: »[15]Mose wandte sich und stieg vom Berge und hatte die zwei Tafeln des Gesetzes in seiner Hand; die waren beschrieben auf beiden Seiten. [16]Und Gott hatte sie selbst gemacht und selber die Schrift eingegraben. [...] [19]Als Mose aber nahe zum Lager kam und das Kalb und das Tanzen sah, entbrannte sein Zorn und er warf die Tafeln aus der Hand und zerbrach sie unten am Berge und [20]nahm das Kalb, das sie gemacht hatten, und ließ es im Feuer zerschmelzen und zermalmte es zu Pulver und streute es aufs Wasser und gab's den Israeliten zu trinken. [...] [25]Als nun Mose sah, dass das Volk zuchtlos geworden war [...], [26]trat er in das Tor des Lagers und rief: Her zu mir, wer dem HERRN angehört! Da sammelten sich zu ihm alle Söhne Levi. [27]Und er sprach zu ihnen: So spricht der HERR, der Gott Israels: Ein jeder gürte sein Schwert um die Lenden und gehe durch das Lager hin und her von einem Tor zum andern und erschlage seinen Bruder, Freund und Nächsten. [28]Die Söhne Levi taten, wie ihnen Mose gesagt hatte; und es fielen an dem Tage vom Volk dreitausend Mann. [29]Da sprach Mose: Füllt heute eure Hände zum Dienst für den HERRN – denn ein jeder ist wider seinen Sohn und Bruder gewesen –, damit euch heute Segen gegeben werde.«[181] Bemerkenswert an der Erzählung um das »Goldene Kalb« sind die beiden Punkte:

1. Es ist erlaubt und darüber hinaus auch geboten, Andersgläubige zu töten.
2. Die religiös-politische Loyalität steht höher als familiäre oder freundschaftliche Verbundenheit.

Ich sage hier ausdrücklich »religiös=politische« Loyalität. Denn mit der Erzählung um das goldene Kalb beginnt der Kampf um ideologische Gefolgschaft, für den sich Religion von Anbeginn nur allzu bereitwillig zur Verfügung gestellt hat. Die weitere Geschichte der Verbrechen, die im Namen des Herrn begangen worden sind, setze ich als zumindest in Umrissen bekannt voraus. Worauf mich Richard Dawkins aufmerksam gemacht hat, ist, dass es sich dabei nicht etwa um einen Missbrauch von ansonsten unschuldiger und womöglich menschenfreundlicher Religion handelt, sondern um eine wörtliche Exekution derselben. Ich selbst hatte das verdrängt, obwohl ich mich als kritischen Kopf einschätze. Das Verzeihende, Nachsichtige, Friedfertige, das heute von Gutmenschen gerne als ein gemeinsames Anliegen womöglich aller Religionen deklariert wird, kommt nicht anders als durch ein selektives Lesen zustande. Die schwerbewaffnete Intoleranz kann sich mit gleichem Recht auf die sakralen Texte berufen. Das Kriterium, nach dem wir das eine als Gut und das andere als Schlecht einstufen, findet sich nicht *in* den Texten, sondern für das Kriterium haben wir uns *außerhalb* des Textes entschieden. Solchermaßen wird der Text zu einer Ideologie: Wir suchen in ihm nach den Belegstellen, die die *vorab* gebildete Meinung untermauern, blenden hingegen Stellen aus, die unserer Meinung widersprechen.[181]

Manchmal verschlägt es mir schier die Sprache, wenn ich die Auslegungsgeschichte zu Rate ziehe. Die rabbinischen Auslegungen heben die Größe der Gnade Gottes neben der Schwere der Verfehlung hervor.[182b] Sie drücke sich darin aus,

---

182a Richard Dawkins, *Der Gotteswahn*, Berlin 2008. Er wolle nachweisen, »dass wir [...] unsere Moral [...] nicht aus der Bibel beziehen« (S. 346).

dass Aaron trotz seiner »Sünde« dann zum Hohenpriester erwählt wurde. — Typisch: Da werden 3 000 Leute niedergemetzelt, der Anführer jedoch nicht nur geschont, sondern auch mit einem hohen Posten belohnt.

Nach Auslegung des christlichen Kirchenvaters Tertullian zeigt die Erzählung, dass Gold und Reichtum ebenso wie Tanzen zur Sünde verführen und aus diesem Grunde abzulehnen seien.[182c] — Typisch: Da werden summarisch »die« Reichen zum Abschuss freigegeben. Und dann ist diese Auslegung angesichts des Textes absurd: Das Gold *spenden* die Schmuckbesitzer[innen?], trennen sich also freiwillig von ihrem Reichtum, um die gemeinsame Sache, den Kult des goldenen Kalbs, zu unterstützen. Ist das nicht geradezu vorbildliche »Sozialorientierung« des Eigentums? Altruismus?

Freud hat die »Kalb-Erzählung« gleich zweifach verdrängt:
1. In »*Der Moses des Michelangelo*« von 1914 interpretiert Freud die Statue grandios als Sinnbild eines retroflektierten Zornes: Mose nehme eben keine Rache: »Anfänglich, als die Gestalt in Ruhe dasaß, trug sie die Tafeln aufrecht unter dem rechten Arm. [...] Moses wendete den Kopf [...], und als er die Szene erschaut hatte, machte sich der Fuß zum Aufspringen bereit, die Hand ließ ihren Griff an den Tafeln los und fuhr nach links und oben in den Bart, wie um ihr Ungestüm am eigenen Leibe zu betätigen. Die Tafeln waren nun dem Druck des Armes anvertraut, der sie an die Brustwand pressen sollte. Aber diese Fixierung reichte nicht aus, sie begannen nach vorn und unten zu gleiten, der früher horizontal gehaltene obere Rand richtete sich nach vorn und abwärts, der seiner Stütze beraubte untere Rand näherte sich mit seiner vorderen Spitze dem Steinsitz. Einen Augenblick weiter und die Tafeln hätten [...] den Boden erreich[t] und [wären] an ihm zerschell[t]. Um dies zu verhüten, fährt die

182b Vgl. Ex 34, 6-7.
182c Tertullian (160-225), *De cultu feminarum II*, 13:16.

rechte Hand zurück, und entlässt den Bart, von dem ein Teil ohne Absicht mitgezogen wird, erreicht noch den Rand der Tafeln und stützt sie nahe ihrer hinteren, jetzt zur obersten gewordenen Ecke. So leitet sich das sonderbar gezwungen scheinende Ensemble von Bart, Hand und auf die Spitze gestelltem Tafelpaar aus der einen leidenschaftlichen Bewegung der Hand und deren gut begründeten Folgen ab. |
[Der Moses des Michelangelo] wollte es in einem Anfall von Zorn, aufspringen, Rache nehmen [...], aber er hat die Versuchung überwunden, er wird jetzt so sitzen bleiben in gebändigter Wut, in mit Verachtung gemischtem Schmerz. [...] [Michelangelo] hat das Motiv der zerbrochenen Gesetzestafeln umgearbeitet, er lässt sie nicht durch den Zorn Moses' zerbrechen, sondern diesen Zorn durch die Drohung, dass sie zerbrechen könnten, beschwichtigen oder wenigstens auf dem Wege zur Handlung hemmen [...] – nicht ohne Vorwurf gegen den Verstorbenen [Papst Julius II, für dessen Grab die Statue geschaffen wurde], zur Mahnung für sich selbst, sich mit dieser Kritik über die eigene Natur erhebend.«[183] Klar wird, dass Freud diese biblische Geschichte als einfach unannehmbar empfindet, und dass er sein Gefühl der Abscheu in Michelangelos Darstellung hineinprojiziert.
Damit wird die Statue zum Sinnbild dessen, was ich für das Zentrum der Toleranz (sowie der Schwierigkeit, sie zu üben) halte: Es kann nicht darum gehen, das zu respektieren oder zu dulden, was mir gefällt oder was mir gleichgültig ist (da braucht man gar nicht von »Duldung« zu sprechen), vielmehr in gebändigter Wut, in mit Verachtung gemischtem Schmerz sich über die eigene Natur erhebend das zu dulden, was mir im höchsten Maße zuwider ist, was allen meinen tief eingewurzelten Werten und höchsten Wahrheiten widerspricht. *Danke, Sigmund, für diesen Michelangelo.*
Eine kunsthistorische Widerlegung der Interpretation des Moses von Michelangelo versucht Ilse Grubrich-Simitis: Es

sei nicht der Mose vor dem goldenen Kalb dargestellt (erste und dann zerbrochene Gesetzestafeln), sondern der Mose, nachdem er die Gesetzestafeln das zweite Mal erhalten habe – und die Weissagung seines Todes: Er wird das Volk Israel nicht ins Gelobte Land führen.[184] (Die Widerlegung berührt nicht, dass Freud Toleranz als Retroflektion beschreibt bzw. die Fähigkeit, retroflektieren zu können, als Vorbedingung von Toleranz.) Aber: Wenn Freuds Deutung richtig ist, dann fällt das Zerbrechen der Gesetzestafeln (und das Massaker an den Verehrern des goldenen Kalbs) aus: Ein zweites Mal gäb's nicht. Insofern wäre es folgerichtig, wenn die Möse-Darstellung Michelangelos ikonografisch solche Elemente integriert, die üblicherweise erst das zweite Mal den Erhalt der Gesetzestafeln begleiten, wie Hörner bzw. Strahlen am Kopf, Decke zum Verhüllen des Gesichts.

2. In »*Der Mann Moses und der Monotheismus*« (1939) ergibt die Anwendung der »psychoanalytischen Methode« auf das Textverständnis, dass nicht Mose die Kalb-Anhänger töten lässt, sondern die Kalb-Anhänger an Mose Vatermord begehen. Die überlieferte Erzählung sei die symbolische Rache der später zu erneuter Herrschaft gelangten Mose-Religion. Bezogen auf die Toleranzfrage ist mit dieser Interpretation allerdings kaum etwas gewonnen: Die Erzählung wirkt(e) ihrem Wortlaut nach. Doch es wird wiederum klar: Für Freud stellt die Erzählung um das »Goldene Kalb« ein Problem dar. Zu Recht.

Aus Freuds *Moses* leitet Günter Schulte in den Vorlesungen »*Philosophie der Religion*« die Formel ab »Antisemitismus ist Antimonotheismus und damit Antiintellektualismus«[185]

---

[183] Sigmund Freud, *Der Moses des Michelangelo* (1914), Studienausgabe, im Band 10, S. 211f | 217.
[184] Ilse Grubrich-Simitis, *Michelangelos Moses und Freuds Wagstück*, Frankfurt/M. 2004.
[185] Universität Köln WS 2002/03. www.guenter-schulte.de/materialien/philoreligion/philoreligion_09.html.

und beruft sich hierbei auf Jan Assmann.[186a] Da verdrängt jemand die griechische Antike und ihre Bedeutung für Freud. Dass Freud Antimonotheismus und Antiintellektualismus zusammen gedacht und den Antimonotheismus schlechthin als barbarisch bezeichnet haben kann, *das* halte ich für ausgeschlossen. Derunart geschichtsvergessen wird er im Leben nie gewesen sein.

Die immer noch provozierende Botschaft von Freuds Mose-Studien

1. Der »Tagtraum«[186b] von Freuds Mose-Studie wird meist mit spitzen Fingern angefasst, oft schlicht übergangen oder, wie bei Ilse Grubrich-Simitis, auf Freuds Biografie zurückbezogen. Für dreist und unbeweisbar hält man hier Freuds Spekulationen. Dabei wird übersehen, dass sowohl unter Historikern als auch unter Alttestamentlern es üblich ist, mit Annahmen über menschliche Handlungsmotivationen zu operieren und die jeweils fehlenden Informationen zu ergänzen oder die Überlieferung auf Glaubwürdigkeit hin zu überprüfen. Diese Annahmen lauten *inhaltlich*, dass Handlungsmotivationen im Wesentlichen auf Machterwerb und Machterhalt zielen; *formal*, dass Entscheidungen bewusst und rational getroffen werden. Sie sind in hohem Maße unrealistisch, weil sie die Ebene des Unbewussten völlig ausblenden. Wenn etwa die Geschichte von Isaaks »Bindung« nicht mehr als Glaubensprüfung durchgeht, die verlangt, bereit zu sein, für Gott das eigene Kind zu opfern, sondern zu einem grandiosen Fanal gegen Menschenopfer uminterpretiert wird, so steht die ganze Wirkungsgeschichte dieser Interpretation entgegen. Der Autor der Geschichte, wer das

---

186a Jan Assmann, *Der Fortschritt in der Geistigkeit: Sigmund Freuds Konstruktion des Judentums*, in: Psyche, Februar 2002.
186b So die Kennzeichnung durch die Psychoanalytikerin und Lektorin der Studienausgabe Ilse Grubrich-Simitis in ihrem *biographischen Essay* (1994), Frankfurt/M. 2009.

auch sei, erweist sich als unfähig, die Geschichte so zu erzählen, dass man sie wohlversteht. Sollte nicht in Erwägung gezogen werden, hier eine unbewusst ambivalente Haltung zum geliebten Kind eingeschrieben zu finden?

2. Dass Mose ein Ägypter war, wird heute ebenso wie zu Freuds Zeiten durchaus noch diskutiert und für wahrscheinlich gehalten. Diese Aussage war damals provozierender als heute. Die Aussage Freuds, um die nach wie vor ein weiter Bogen geschlagen wird, ist die Umdeutung, das Massaker um das goldene Kalb habe gar nicht stattgefunden, sondern stattdessen der Vatermord an Mose. Zu kühn, zu spekulativ scheint diese psychoanalytische Rekonstruktion. Allerdings unterzieht man heute bei Figuren wie Caligula und Nero das Dämonisch-Böse oder Konstantin dem Großen das Gute einer Dekonstruktion, für die die Beweise kaum solider sind, aber eben auf der Annahme von bewusster, rationaler Entscheidung der damals Handelnden basieren. An solchen Stellen rächt sich, dass Geschichts- und Bibelwissenschaft sich resistent gegen jede psychologische Aufklärung gezeigt haben.

3. Was ist mit Freuds Mose, wenn man wie Jan Assmann davon ausgeht, dass Mose gar keine geschichtliche, sondern ausschließlich eine literarische Existenz hat? Unzweifelhaft ging Freud selber von einer geschichtlichen Existenz des Moses aus. Ist, wenn diese hinfällig wäre, die Interpretation von Freud damit nicht auch hinfällig? Im Gegenteil. Sie müsste dann bloß als die psychoanalytische Deutung eines Mythos gelesen werden und die schwierig zu beantwortende Frage danach entfiele, ob sie mit der geschichtlichen Wirklichkeit übereinstimme.

4. Die nach wie vor brisante Aussage sowohl in *»Der Mann Moses«* als auch *»Der Moses des Michelangelos«* liegt darin, dass Freud das Massaker im Gründungsmythos des Monotheismus negiert. Dass es nicht Recht sei, Andersgläubige im

Namen des eigenen Gottes zu töten, ist zwar Bestandteil der durch die Aufklärung gegangenen modernen Ethik. Mit ihr wurde die Geschichte um das goldene Kalb moralisch unerträglich. Freud jedoch geht weit darüber hinaus. Denn die Geschichte um das goldene Kalb ist nicht nur ein religiöser Gründungsmythos. Mit der Setzung, dass die ideologische Loyalität höher stehe als verwandtschaftliche Solidarität und dass im Namen der ideologischen Loyalität Mutter und Vater, Sohn und Tochter sowie Geschwister getötet werden dürfen und müssen,[187a] beginnt der Jahrtausende währende Kampf des Staatsprinzips gegen die verwandtschaftliche Solidarität. Nicht bloß moderne Ethik steht hinter Freuds Negierung des Massakers im Gründungsmythos des Monotheismus, sondern auch ein Rückgriff auf die Ethik der Uranarchie.[187b] Damit bedroht Freuds Aufklärung nicht mehr bloß die Religion, vielmehr darüber hinaus den mordenden Staat.

5. *Yet to come.*
6. *Yet to come.*

[187a] »Indem man das Recht des Staats über das seiner Angehörigen stellt, ist das Grauen potentiell schon gesetzt.« Theodor W. Adorno, *Erziehung nach Auschwitz* (1966), zit. n. ders., *Stichworte*, Franfurt/M. 1969, S. 101. Auch er verdrängt somit den Gründungsmythos der Religion seines Vaters.
[187b] Vgl. *Minimalinvasiv*, S. 168ff, *Das libertäre Manifest*, S. 17ff.

AUS MEINEM TRAUMTAGEBUCH 5
EINLADUNG ZU WILDER TRAUMDEUTUNG

1. Zensur fand statt.
2. Getreu nach Handschrift; (runde) Klammern im Original, Zufügungen in [eckigen]. Korrekturen in den Anmerkungen.
3. Erklärungen – so sparsam wie möglich, so viele wie nötig.
4. Namen, soweit (¿nicht?) unvermaidlich, abgeändert.
5. Einladung zu wilder Traumdeutung, wie Freud sie Stekel vorwarf.
6. Erste Eintragung am 03. 09. 2014, nach größeren Anlaufschwierigkeiten dann über einige Wochen bis zum Ende des Jahres sehr regelmäßige Eintragungen. Letzte reguläre Eintragung am 11. 04. 2015. Im Jahr 2015 nur noch sporadisch. Die Lektüre war abgeschlossen und ich schätzte das Traumtagebuch so sein, dass es sich nicht würde veröffentlichen lassen. Warum also weiterschreiben?

03. 09. 2014 [Erste Eintragung]

Als ich aufwachte, vermeinte ich, ich hätte keinen Traum gehabt. Doch dann erinnerte ich mich an einen Traum mit vier Szenen, die, obwohl in der Erzählung völlig unabhängig voneinander, im Traum aus einem Stück zu sein schienen.

1. Der kleine Vogel, der uns manchesmal im Wohnzimmer besucht, fliegt zum Schlafzimmerfenster herein, er ist umschwärmt von Bienen oder Wespen.[188] Beim Hinausfliegen

---

[188] Vgl. das »Bienenwunder« des Ambrosius von Mailand (dem Neugeborenen seien Bienen im Mund ein- und ausgeflogen, ohne ihn zu versehren), welches ich in »*Ambrosius: Callinische Hymen*« (edition g. 306) literarisch verarbeitet habe (S. 16 u. ö.); in diesen Hymnen findet sich auch ein Vatertraum=mord (S. 31ff).

steuert er auf das geschlossene Oberlicht zu, ich bekomme einen Schreck, aber dann bremst der Vogel, korrigiert seine Flugroute und findet das offene Fenster. Offen ist aber nicht der linke Fensterflügel wie meist bei unserem Schlafzimmer, sondern der rechte.

2. Im Wohnzimmer erzähle ich Gaby vom Besuch des Vogels. Dabei erinnere ich mich, dass auch ein Hund in unserem Schlafzimmer war. Ich frage mich, wie er hineingekommen sein kann. Er ist mir, obwohl ich Hunde nicht mag, nicht unangenehm. Er ist weiß, an manchen Stellen etwas gelblich. Gaby sagt, man sähe doch, von wem er abstamme. Ich weiß im Traum, wen sie meint.

3. Es geht darum, ein Bild in einen Rahmen einzupassen. Das Bild zeigt einen Mann mit ausgebreiteten Armen vor einer Kulisse aus Brücken, Kränen und Schrott. Es stammt aus einem Film, der mir im Traum bekannt ist. Im Traum habe ich das Gefühl, vielleicht eher Teil der Szene im Bild zu sein. Die Versuche, das Bild in den Rahmen einzupassen, ein Vorgang wie in ›Photoshop‹, werden[189] von Gabys Kindern mit Spannung verfolgt und kommentiert. Nachdem ich es zunächst hochkant versuche (und wegen der ausgestreckten Arme der Mann sehr klein im Hintergrund ist), wähle ich schließlich eine Querfront.

4. X., ein trockener Alkoholiker, ist wie ich betrunken und lehnt sich an mich an. Er furzt in einem fort. Weil ich betrunken bin, traue ich mich, ihn zu bitten, das Bad aufzusuchen. Diese Szene, obwohl es keine Verbindung zur vorherigen zu geben scheint, ist im Traum kein Szenenwechsel. Die Szenen drei und vier haben keinen Raum, anders als die Szenen eins und zwei.

189 Im Tagebuch: »wird«.
190 Im Tagebuch am Rand: »Therapie-Gruppe: B. [also die Therapeutin] fragt mich, ob ich ein ›Grenzgänger‹ sei: Risiko (zum Tode) – oder sogar ›Borderline‹. Gestern Recherche zu ›Grenzgänger‹ – zu ihnen wird auch Sokrates gezählt (›Schirlings-Becher‹).«

[Hinzugefügt in einer anderen Schrift und mit Kuli anstatt Tinte:]
1. Vogel: Frühjahr Nest neben Balkontür. Kommt und zupft von einer magentafarbenen Decke Fussel für das Nest. Besucht uns auch später. Bewegt sich im: Wohnzimmer sicher und ohne erkennbare Angst.
2. Vogel ins Arbeitszimmer kommt durch Balkontür. Beim Hinausfliegen steuert [er] auf [das] Oberlicht zu, es ist aber ungeputzt, er bremst und nimmt die Tür. Wie im Traum.

05.09.2014

Kein Traum erinnert. Zunächst. Bei der Morgengymnastik Blick auf die Uhr. Fragment eines Traumes. Meine Stieftochter Sophie erhält – von mir? – ein Gerät, von dem wir überrascht feststellen, dass es sich als Wecker verwenden lassen würde. Nicht spektakulär, aber das ist alles, was die Zensur ;-) preisgibt.

09.09.2014

Merkwürdiger, unbekannter Raum mit Gaby. Auf dem Tisch ein Durcheinander von Lebensmitteln. Anbahnung von Sex. Vorher Diskussion (nicht unfreundlich, eher flirtend) über Waffeln, die noch aufgegessen werden sollten. Erwache. Sehr unklare Erinnerung an die Szenerie.

09.09.2014

Älterer Traum, bearbeitet mit B.,[190] in der Therapie-Gruppe. Ich sitze im Garten. Szenerie sehr klar, obwohl der Garten mir unbekannt ist (im Erwachen). Von meinem Sitzplatz aus kann ich das (ebenerdige) Küchenfenster sehen, wo Gaby hantiert. Es kommt nun eine Frau (mir unbekannt), begrüßt mich freundlich, geht in die Küche und kommt mit einem Glas Wasser für mich zurück. Gibt es mir freundlich. Gaby lächelt mir zu. Ich weiß, dass in dem Glas Gift ist. Gaby sagt:

»Jetzt, wo sie da ist, brauche ich dich nicht mehr.« Ich weiß, dass ich, ohne Schrecken, das Glas trinken werde. Erwache vorher. Verstört.
Traue mich nicht, den Traum Gaby zu erzählen, was für ein Misstrauen sich darin ausdrückt. Auch in der Therapie-Gruppe zunächst nicht. Ich fürchte, B. wird nach Träumen fragen. Aber dann träume ich von Sex und in gemischter Gruppe kann mann das nicht erzählen. B. fragt nicht nach einem Traum. Doch dann erzähle ich ihn. B. bietet mir an, mit vorzustellen, das Gift sei »(mein) Misstrauen«.

10.09.2014
Zwei Träume, zwischendurch wach.
1. Der frühere Traum ist sehr undeutlich. Ein mir im Wachen unbekannter Raum (kein Fremdheitsgefühl im Traum), mir im Wachen unbekannte Menschen (kein Gefühl der Befremdlichkeit im Traum), zum Teil in Uniform; ob ich selbst eine trage, ist mir nicht bekannt (ich frage mich das im Traum). Es geht um eine bewaffnete Auseinandersetzung. Ich gehöre zur unterlegenen Partei, die kapituliert hat. Mit zwei Anderen (Uniformierten) verabrede ich, den Kampf weiterzuführen.[191] Beim Aufwachen sind wir gerade in eine Diskussion mit einem Vertreter der Siegerpartei verwickelt, der es uns ausreden will. Das Gesicht des einen Verschwörers Dieter Stein (»Junge Freiheit«)?
2. Ein Zug fährt ein (weder U- noch S-Bahn oder Regio, im Wachen unbekannten Typus). Manche Leute laufen, um weiter hinten einzusteigen (der Zugang zum Bahnsteig [ist]

---

[191] Es gibt solche eine Begebenheit, bei der mein Vater als ein 17jähriger Soldat in den letzten Tagen des Zweiten Weltkriegs an der Westfront einem »fahnenflüchtigen« Offizier, der kapitulieren will, das Kommando abnimmt und den Kampf weiterführt. Vgl. *Das Maodeking*, S. 86ff.
[192] Unter durchgestrichenem »kommen«.
[193] Therapeutin.
[194] Im Tagebuch am Rand: »Ex«.

an der Zugspitze). Ich laufe nicht, steige vorn ein. Großes Gedränge, es ist, als gäbe es nur die Einstiegsplattform, kein Abteil, u. a. ein Kinderwagen, der sperrig ist, Mutter genervt. Es drängen[192] immer mehr Leute in den Wagen. Ich frage mich, was ich tun soll, wenn ich pinkeln muss, beruhige mich mit dem Gedanken, dass die Fahrt nicht lange dauern werde (wohin es geht, erinnere ich mich nicht; war, soweit ich weiß, auch nicht Teil des Traumes).
Zur Quelle: Ich bin am Montag (also 8. 9.) mit der S-Bahn von der Therapie-Gruppe gekommen und dabei hinten statt vorn eingestiegen; bei der S- (& U-) Bahn ist es praktischer, vorn einzusteigen, weil dann der Weg über den Bahnsteig in Pankow kürzer ist, bei der S-Bahn #1 ist es umgekehrt praktischer, hinten einzusteigen. (Diese Quelle läge aber am vorvorherigen Tag.)
Am Abend lange mit Gaby über meine Beunruhigung gesprochen, dass B.[193] gefragt hat, ob ich ein Grenzgänger sei. Borderline? Klinik? Grenzgänger, das könnte auch eine Auszeichnung sein, weil ich doch als Bangezippel gelte (wem? Y.[194] o. Mutter.) Doch auch: Verkennen der Realität. Fühle mich (Achtung: Projerektion) moralisch verurteilt.
Übertragung: B. > Y.
Teppich in Therapie-Raum: ähnlich wie im Arbeits- und Besprechungszimmer von Y. Niemand will auf der schwarzen Ledercouch sitzen, sie gilt als unbequem, mich erinnert sie an die »Barcelona«-Garnitur meiner Eltern.

11.09.2014

Zwei Bruchstücke. — 1. Gaby sagt, sie würde sich gern einen Dachgepäckträger anschaffen, beim Aufwachen denke ich: »Sie hat doch schon einen. Oder für's Fahrrad.« Aber ich kann es nachvollziehen.
2. Gaby sagt (etwas vorwurfsvoll – wem gegenüber? –, etwas verzweifelt – worüber?): »Ich kann doch nicht für 50 Cent

etwas verkaufen, das 1 Euro kostet.« Was? – Stimmung der Träume war positiv, entspannt. Es gelang mir nicht, Bilder zu erinnern.

12.09.2014
In der Nacht aufgewacht. Wollte den Traum durch wiedererzählen, innerlich, festhalten. Habe ihn aber doch vergessen. Vergessen? Freud: Verdrängt. »Richtlinie zur genderkorrekten Nutzung von Autobahnraststätten.« Das einzige, was ich behalten habe.

13.09.2014
Hotel, Köln, Tagung.
2 Träume verloren (»Proklamationen«). Leider keine Erinnerungen. 3. Traum lebendig.
Ich halte[195] den Vortrag über bzw. gegen Sozialstaat (in der Schweiz). Obwohl ich vorher noch gedacht habe, ich müsse das Manuskript einstecken, habe ich es vergessen. Ich frage Gaby (die »eigentlich« gar nicht dabei sein wird), ob ich das Ms holen soll. Sie sagt, ich solle den Vortrag frei halten. Je dichter der Aufzug kommt, um so stärker will ich das Manuskript. Schließlich entschließe ich mich, es zu holen. Der Weg, den ich antizipiere, ist eine Mischung aus meinen Schulwegen in Berlin und Münster. Aber ersteinmal raus aus dem Hotel. Viele Leute kreuzen meinen Weg, unter anderen der Vater – behindert[196] – von irgendwem, den ich im Traum kenne. D.[197] ist Krankenpfleger (nicht dieser Person). Er steht in einer Tür und zählt. Es ist wichtig und ich kann ihn da nicht stören, um zu fragen, wann es anfängt. Ganz unten

---

195 Im Tagebuch: »habe«.
196 Im Tagebuch groß geschrieben.
197 Tagungsleiter.
198 Im Tagebuch: »mellisierend«; karamellisierend?
199 »Ich« vor »Bin« durchgestrichen.
200 Hier und beim nächsten Vorkommen: »Ballustrade«.

sind die Treppen besetzt von sitzenden Leuten, die Treppen
zur Zuschauerloge für irgendwas umfunktioniert. Ich suche
einen anderen Weg. Personal zum Fragen sehe ich nicht, bis
ich schließlich, beim Aufwachen, die Treppe sehe, die noch
frei ist.

27.09.2014
Brig/Schweiz (25.-27.9.)
Traum beim Aufwachen behalten, durch Auschecken alles
vergessen (!?). Später an den einen Fetzen erinnert. Einem
Mann, der einen Vortrag hält oder an einer Diskussion teil-
nimmt, quillt Rotz aus einem Nasenloch, bildet eine Blase,
die immer größer und größer wird, fast wie ein Ballon, gelb-
braun changierend.[198] Ich beobachte es, der Ekel geht in Mit-
gefühl über. Der Mann bricht die Veranstaltung ab, weint, es
kommt zu einem Handgemenge, bei dem der Mann stürzt,
eine Frau wirft sich auf ihn und drückt die Blase aus. Ich
überlege, wie sie das tun kann, bin erleichtert, dass sie es tat,
erleichtert erwache ich. Beim Niederschreiben eher Angst,
Beklemmung, Erregung, Scham.

28.09.2014
Wieder Zuhause.
1. Verwirrungstraum. Ich suche eine Straße zu einem Haus,
wo ich schon mal gewesen bin. Bin[199] nicht sicher, welchen
Stichweg ich nehmen soll, probiere mehrere aus.
2. Ein großes Gebäude mit hohen Räumen, alle Räume sind
gefliest. Im oberen Bereich der Räume befindet sich eine
Balustrade,[200] über die ich gehe & die Räume anschaue, fast
wie auf einem Architektenplan. Die Räume befinden sich im
hinteren Bereich des Gebäudes, das vorn heraus Geschäfte
beherbergt. Ich inspiziere sie daraufhin, ob und wie sie
genutzt werden. In einem Raum nahe den vorderen Ge-
schäften befindet sich ein zweiter Raum. Ich klettere von der

Balustrade und habe den Eindruck, der Raum würde sich eignen, ein Geschäft dort zu eröffnen, etwas geschützt und doch gut zugänglich, ein wenig intimer als die übrigen, die größeren Räume; der große Raum als Vorplatz. In dem Geschäft will ich Werke eines (bildenden) Künstlers verkaufen, der ein wenig populär ist, und für den ich die exklusive Vertriebsgarantie bekommen kann. Ich rechne mir aus, dass die Kunden dann auch meine Sachen (Bücher) sehen, lesen und kaufen. Ich berichte Gaby von der Idee, die sie unterstützt, ich erwache mit einem guten Gefühl.
3. Z. (der Freundin von Sophie) wird etwas erklärt, oder sie erklärt etwas. Was war es? Jetzt, wo ich es aufschreiben will, will [!] es mir nicht mehr einfallen. Die Erinnerung scheint greifbar noch und doch ungreifbar.

29.09.2014

Zwei Szenen eines Traumes, getrennt durch ein kurzes Aufwachen (Gaby dreht sich um).
1. Ich bin mit einem Finanzbeamten befreundet, was nicht ganz so einfach ist. Gaby ist in Sorge, ob die Steuererklärung nicht ungünstiger bewertet wird, wenn ich sie nicht Korrektur[201] lesen lasse. Ich frage den Freund, ob es schadet, wenn sich in einer Steuererklärung ein Rechtschreib-Fehler noch befinde. Er verneint lachend.
2. Ich soll für ihn ein Blatt mit ein paar aufgeklebten Belegen (nicht von mir, von irgendwem) kopieren. Aber ich denke mir, es wäre besser, zwei Kopien zu machen, eine zusätzlich für seine Unterlagen zur Sicherheit. Er ist aber nicht greifbar und ich versuche, ihn zu erwischen. Beim Aufwachen denke ich: So ist das in großen Büros, man läuft für eine Kleinigkeit

201 Im Tagebuch klein geschrieben.
202 Ersetzt durchgestrichenes »gedacht«.
203 Facebook.
204 Über durchgestrichenem »ist«.
205 Im Tagebuch: »wider«.

lange hinterher und das ist sicherlich teurer, als eine zusätzliche Kopie für ein paar Pfennig zu machen, selbst wenn sie nicht gebraucht werden sollte.

02.10.2014

1. Gaby sagt, sie habe 32 €, damit ich mir Whiskey kaufen kann.
2. Ich lade Akif Pirinçcis »*Dt. von Sinnen*« herunter (es gibt es jetzt als eBook) und stelle fest, dass es noch dümmer und weniger libertär ist als befürchtet[202] und denke, dass ich das auf fb[203] posten will/muss.

03.10.2014

Bruchstücke aus einem (?) Traum.
1. In einem Auto (welchem? wir haben ja keines mehr) mit Gaby. Eine scharfe Linksabbiegung, so scharf, dass sie auf dem Standstreifen (Parkstreifen, ohne dass dort jemand parkt) auskommt. Sie bleibt stehen, weil auf der Fahrbahn Autos kommen und sie sich nicht einfädeln kann. Wir (!) schauen uns um, aber bald kommt[204] eine Lücke; alles easy.
2. Gespräch von Gaby mit einer arabischen Mutter (Kopftuch, keine Burka), die sich über die islamistischen Einflüsse auf die Kinder Sorgen macht. Ich steh dabei. Eins der Kinder, ein Mädchen, runde 8 Jahre, gibt, süß lächelnd, Jihadisten-Sprüche wieder,[205] auf arabisch, die ich merkwürdigerweise verstehe.
3. Nicht mehr als klare Szene präsent, eher als Stimmung: Eine Konferenz, mit Gaby, es geht um Unterlagen und darum, jemandem (wem?) etwas zu erklären sowie Material zu übergeben.

04.10.2014

Traumerinnerung nach einer Schlafunterbrechung ziemlich früh (0:54), Gaby holt sich was zu trinken. Merkwort: Weg.

Leider erinnere ich mich morgens dann nicht mehr, was auf dem Weg geschehen ist. Beim morgendlichen Aufwachen kommt mir der Weg vor wie der aufgerissene Waldweg, den wir gestern gegangen sind, eingefasst in Betonstücke für eine neue Befestigung. Doch der Weg enthält auch rote Spuren, wie eine aufgeschnittene Feige – die Gaby gestern gegessen hat.

07.10.2014

Am Ende eines langen, nicht unkomplizierten Traumes, an den ich sonst keinerlei Erinnerung habe (Stimmung: etwas angespannt, sonst in Ordnung), geht mir der Deckel eines Joghurtglases nach (das Glas, Landliebe, folgt in weiterem Abstand). Ich sage zu dem Deckel etwas mich selbst Herabsetzendes, das ich gerade nicht mehr erinnere,[206] in der Art: Bin ich so schlecht (dumm, linkisch, ... ?), dass du mir folgen (dass du mich überwachen) musst?

09.10.2014

Aufstehen. Es ist ein bisschen (nicht sehr) eilig, ein Termin. Diskutiere mit Gaby das Programm des Instituts. Ich habe die Unterwäsche angezogen vor dem Duschen. Die Dusche steht im Wohnzimmer. Es ist schwierig, die Unterhose anzuziehen, da sie so sehr am nassen Körper klebt. Da ich so spät dusche, habe ich ein bisschen (nicht sehr) Sorge, dass Sophie vorbeikommt und mich nackt sieht; der Duschvorhang umschließt nur zwei Seiten, eine Seite geht zur Wand, die vierte ist offen.

---

206 Mit Stern unter dem Text: »Unterbrechung durchs Türklingeln: Eine Mutter mit 2 Kindern (Sohn + Tochter) vor der Schule auf der Suche nach dem Ball, den der Junge in den Garten geschossen hatte. Erfolglose Suche. Es stellte sich heraus, dass der Schuss schon Tage her war und der Junge sich an den Ball gar nicht genau erinnerte.«
207 Muss natürlich heißen: ... den Ausdruck im Traum habe ich *verdrängt*.
208 Michael von Prollius (Hg.), *The Standards: Klassisch liberale Aufsätze neu interpretiert*, Norderstedt 2014.

12.10.2014

Ich stehe auf einer Lichtung mit einer Reihe von Leuten (mir größtenteils unbekannt), wartend. Gaby kommt in der Begleitung eines Peacemakers (meine, es sei die Amerikanerin A. gewesen, obwohl sie ihr nicht ähnlich sah), ganz in weiß. Gaby begrüßt diesen und jenen, duzt alle, nur mich siezt sie. Dann geht sie weiter auf einem Weg, der zu einem Gebäude führt, wo die Zeremonie stattfinden soll. Ich denke: »Siezt du die, die dem Verein nicht angehören?« Ich will ihr hinterher, um sie zu fragen. Während die anderen den Weg entlang schlendern, stellt er sich mir als steil dar, ich komme nur langsam voran, als ich beim Gebäude ankomme, ist Gaby meinen Blicken entschwunden. Ich betrete das Gebäude, es ist schon voll, eine Kombination aus Kirche und Theatersaal, auf zwei Etagen. Auf der oberen Etage betrete ich den Saal und erwarte, dort Gaby zu treffen, um sie zu fragen. Aber ich sehe sie nirgends. Dann gehe ich hinunter, die Veranstaltung wird bald beginnen, die Leute setzen sich und werden ruhiger. Ich sehe W., aber nirgends Gaby. Ich stelle mich an die Seite, bin unruhig, weil ich Gaby nicht sehe, und denke, vielleicht gäbe es ja noch eine andere Deutung für das Siezen, als die, die ich in der Frage voraussetze, vielleicht wollte sie ja auch nur nicht zeigen, dass wir ein Paar seien (»ein Paar« ist der Ausdruck jetzt beim Aufschreiben, der Ausdruck im Traum ist mir entfallen).[207] Ich nehme mir vor, sie nach der Veranstaltung danach zu fragen.

12.10.2014

Bruchstück aus einem früheren Traum, (wahrscheinlich am 11.10. geträumt, Nacht vor Bookparty zu *The Standards*).[208] Ich halte ein Buch von jemandem in Händen. Es sind darin handschriftliche Korrekturen; der Autor hat sie wohl in alle Bücher geschrieben. Große & unerklärliche Erregung beim Niederschreiben.

14.10.2014

Vor ein paar Tagen (wann?) träumte ich – gestern (Tag mit Therapie-Gruppe) fiel es mir ein – dass ich (noch) bei der Werbeagentur arbeiten würde. Wunscherfüllung: Jobhaben, Einkommen, Versorgtsein. Mehr weiß ich nicht mehr über den Traum. Ich habe ihn auch nicht am Morgen des Tages erinnert, sondern spontan »zwischendurch«.

16.10.2014

Erst dachte ich, ich hätte mal wieder keinen Traum behalten. Dann, bei Licht betrachtet, ging mir auf, die Geschichte sei zu abstrus, so könne ich sie nicht erlebt haben.
Ich fahre mit Gaby in ein Hotel (wo?). Dort will ich an einer Veranstaltung teilnehmen und dann nach Bünde fahren, um meine Vettern zu besuchen (das Haus steht Eschstraße 27, präge ich mir ein); Gaby hat etwas anderes vor. Immer mal wieder fällt mir ein, dass ich noch nicht gepackt hätte, das sei aber nicht so schlimm, ich könnte es ja im Hotel nachholen, wo alle meine Sachen sind. Zu der Veranstaltung muss ich mit'm Bus fahren. Werde ich den Ort finden? Angekommen, finde ich die angegebene Adresse, aber dort ist kein Veranstaltungsraum und kein Hinweis auf die Veranstaltung, sondern eine Behörde. Viele Mitarbeiter laufen im Büro hin und her. Ich nehme den Mut zusammen – die Mitarbeiter beäugen mich, wie es mir scheinen will, argwöhnisch – und frage nach der Veranstaltung. Man wird noch argwöhnischer, andere gleichgültig, wieder andere wohl etwas ärgerlich, bis sich jemand erbarmt, um mir zu sagen, die Veranstaltung

---

209 Im Tagebuch am Rand: »Wann dieser entsorgt wurde, weiß ich nicht mehr. Ich hatte ihn oft an. Als Raoul klein war, hatte ich Raoul im Beutel vor der Brust und der Mantel passte um uns beide. (Raoul ist der Erstgeborene, d. h. das war sein erster Winter, meiner als Vater.)«
210 Im Tagebuch am Rand: »Den mir meine Ex auf Teneriffa bei Beneton gekauft hat.«
211 Im Tagebuch am Rand: »Stieftochter«.

finde hier nicht statt. Er zeigt mir, wo der Ort sei. Bekleidet bin ich mit dem Lamahaar-Mantel,[209] ein Erbstück meines Großonkels (väterlicherseits) Erich, mir viel zu weit. Darunter den Killerloop-Pulli.[210] Viel zu warm.

Jemand anderes raunt mir zu, es handele sich um eine Veranstaltung von Esoterikern & sie wollten nicht identifiziert werden, dass sie hier in dieser Behörde arbeiten. An den Blicken erkenne ich jetzt, wer dazu gehört. Ich verteidige mich, indem ich sage, aus der Anzeige hätte ich nicht entnehmen können, dass es sich um Esoterik handeln würde, es fehlten die entsprechenden Catch-Worte oder Schlüsselbegriffe (ich suche nach dem richtige Wort, versuche, den englischen Ausdruck zu vermeiden), wie *evolutionär*. Dort in der Behörde oder auf dem Platz, wo die Veranstaltung stattfindet – hierhin begebe ich mich –, ziehe ich Lamahaar-Mantel und Pulli aus, weil es zu warm ist. Auf dem Platz treffe ich die Leute wieder, die ich in der Behörde als Mitglieder der Sekte erkannt habe. Sie begrüßen mich nun verhalten freundlich. Ein Mann will mich mit einer Frau aus der Sekte verkuppeln; als ich den Kopf schüttele, schlägt er mir eine andere vor, die auffördernd zu mir hinüber sieht. Ich will erklären, dass ich verheiratet bin, merke aber, dass mich die Leute nicht hören können, und gehe zum Hotel zurück, denke daran, dass ich ja noch packen muss. Im Hotel merke ich, dass ich Lamahaar-Mantel & Pulli verloren habe. Gaby findet das nicht so schlimm. Wir schmusen. Dann gehe ich Mantel und Pulli suchen, doch ich finde nichts, überlege, wie die Straße heißt, zu der ich in Bünde will, erinnere mich daran, dass ich noch packen muss. Gaby ist wieder sehr liebevoll, wir sind aber nicht allein im Zimmer (Sophie?)[211] und so geht es nicht weiter.

In der Nacht aufgewacht. Hubschrauber. ich denke, es wird ein Krankentransport sein und bete für den Kranken (nur wenn es ganz schlimm steht, wird so ein Hubschrauber eingesetzt) und die Angehörigen. Ein weiteres Mal. Ich denke, jetzt fliegt derselbe Hubschrauber zurück. Doch dann gibt es weitere Hubschrauber-Geräusche und ich denke, so viele Krankentransporte wird es in einer Nacht nicht geben, das sind Militärhubschrauber, es ist Krieg. Beruhigt (!?) schlafe ich wieder ein.

17.10.2014

Gaby und ich im Bett. Neben dem Bett aber ist eine Klippe. Joschka[212] steht dort, in Lederkluft und mit altmodischer Autofahrerbrille. Er scheint hier eine »richtige Stelle« zu suchen. Für was? Gaby erklärt mir, es gäbe einen Punkt, wo man ins Wasser »über die Grenze« springen könne. Die Grenze verlaufe ja in dem Fluss. Ich rate Joschka, vor dem Sprung die Lederkluft auszuziehen. Gaby beugt sich über mich und übergibt sich auf meinem Bauch. Auch ich muss sauer aufstoßen; beim Runterschlucken gibt's aber nicht ein saures Gefühl des Ätzens in der Speiseröhre. Die Konsistenz ist breiig. Gabys Erbrochenes ist warm, hat keinerlei Geruch und ich bleibe auch ohne Ekelgefühl. Sie dreht sich um und schläft. Ich denke, es wäre besser, wenn sie das Erbrochene wegwischen würde, bevor ich mich umdrehe oder aufstehe, um das Laken nicht zu beschmutzen. Ich rufe sie an und strecke den Arm nach ihr aus, aber sie reagiert nicht. Ich rufe heftiger, versuche, sie zu rütteln, werde ein bisschen panisch, ein bisschen ärgerlich, bis ich merke, dass ich geträumt habe.

---

212 Stiefsohn.
213 Im Tagebuch am Rand: »Tagesrest: Am Abend über Möglichkeiten, Geld zu verdienen, gesprochen. Nach Stellenanzeigen im Bereich Werbeagentur geschaut.«
214 In der Handschrift nicht klar, ob Singular oder Plural.
215 Im Tagebuch am Rand: »die es nicht gibt«.

27.10.2014
Traum, wieder in der Werbeagentur zu arbeiten.[213] Räume sind ganz anders. Erster Tag. Ich bin in einem großen Raum, mein Arbeitsraum, ich allein. Da ich keinen Arbeitsauftrag habe, mache ich an einer eigenen Sache, bis ich denke, was ich auf den Stundenzettel schreibe. Ich gehe auf den Flur, schau bei den Türen[214] des Chefs und der Sekretärin. Sie sind geschlossen. Ich gehe in einen anderen, offenen Raum, einen Produktionsraum (die Daten werden für den Druck aufbereitet). Dort zwei Kollegen, ein Kollege, den ich von früher kenne, eine neue Kollegin. Sie kenne ich, wie sich herausstellt, auch, sie war vorher bei XYZ (einem Kunden). Als sie sagt: »Ich habe doch geheiratet, darum heiße ich jetzt anders und Sie erinnern sich nicht mehr«, erkenne ich ihre Stimme. Der Kollege von früher, gemorpht mit einem Bekannten aus der Schulzeit, sagt, es gäbe nichts Neues, alles wie gehabt. Ich erwache und denke: »Jetzt hast du einen Klartraum gehabt«, weil ich meine, ich hätte im Traum gewusst, es sei ein Traum gewesen (aber ich hatte jedenphalls keine Macht über den Gang des Traums; daran, dass ich im Traum gewusst habe, dass es ein Traum sei, erinnere ich mich nur sekundär). Eine große Welle leicht angstbesetzten Schauderns löst dieser Gedanke aus. Warum der Gedanke, einen Klartraum gehabt zu haben, Angst und Schaudern auslöst, habe ich mich gefragt, bin aber, bevor ich zu einem Ergebnis gekommen bin, wieder eingeschlafen.

09.11.2014
Es ging darum, *die* ethnologische Theorie des Witzes von Christian Sigrist darzustellen.[215] Wer? Wem? Das einzige Bild, das ich noch vor Augen habe, ist eine Landkarte, auf der ich die Gebiete markieren will, in denen die Ethnien leben, von denen die Theorie ausgeht. Es ist eine Karte von Europa; das einzige Gebiet, das ich sicher lokalisieren kann,

ist das der Tiv,²¹⁶ irgendwo in der Türkei oder irgendwo auf dem Baltikum. Da es eine gedruckte Karte ist, lässt sie sich nicht herauszoomen [sic, hinein~]. Als es mir gelingt, sie herauszuzoomen, stellt sich heraus [sic], dass dadurch die Darstellung gröber wird, aber nicht genauer; so gelingt es mir nicht, weitere wesentliche Lokalisationen vorzunehmen.

11.11.2014

Zuerst nach dem Aufwachen dachte ich, ich hätte (wieder) keine Erinnerung an einen Traum. Doch dann kam die Erinnerung. Viele Leute, eine informelle Versammlung, kleine Grüppchen, wohl draußen. R. darunter. Jemand sagt mir, er tue nur so, als sei er ein kleines Licht, er habe 26 Mitarbeiter. K. hat elegante schwarze Klamotten an (Hemd, Hose), aber darüber eine prollige Daunenjacke, hellgrau und beige. Ich sage ihm, dass seine Sachen nicht zusammenpassen, suche nach einem pussynden Wort für Daunenjacke, ohne ihn zu beleidigen. Er antwortet sehr selbstbewusst (in etwa: »Es sollte bloß warm sein«, oder so);²¹⁷ die Anderen lachen, ich überlege, ob er schwul ist, erinnere mich jedoch, dass er auf Facebook ein Foto mit Freundin gepostet hat; sie befindet sich auch unter den Gästen. R. macht sich an einem Schrank zu schaffen; irgendwelche Gegenstände sortieren, über die wir sprechen. Mit Gaby und R. schreibe ich Formeln an eine Schultafel; es geht drum, ob R.s Tochter auf einen Nonnenstift gehen soll; aber ich denke, dass sie ein Freigeist ist und nicht dahin passt, schon gar nicht K., meine ich, der ist ja ein Mann. R. findet die Idee witzig, dass K. in einen Nonnenstift gehe.
Beim Gymnastik-Machen im Arbeitszimmer – mein Blick

---

216 Im Tagebuch am Rand: »[Ethnie in] Afrika«.
217 Im Tagebuch am Rand: »Nein nein, des Abends beim Whiskey fällt's mir wieder ein. Er sagt: ›Aber es macht mich größer.‹ Und das muss ich zugeben, tut es.« K. ist für einen Mann recht klein.

fällt auf die Disney-Bücher – erinnere ich mich, dass es auch
– und vor allem – bei dieser Versammlung um die Analyse
eines[218] »Lustigen Taschentuches« ging und drum, welche
Folge. Ich meinte, die neueste; hierauf kam es aber nicht so
an.

13.11.2014

Eine (militärische?) Übung (ohne Uniformen). Eine Gruppe
von Leuten, darunter ich (die anderen sind mir im Wachen
unbekannt, mir im Traum bekannt, nicht aber vertraut) in
einem Haus. Das Haus wird bewacht, es geht um Abwehr.
Wie gesagt, es ist eine Übung, aber sehr ernst, also es drohen
Zerstörung und es könnte auch Verletzung und sogar Todes-
fälle geben. Teile[219] des Hauses werden in die Luft gesprengt,
es brechen Brände aus, die Verteidigung klappt jedoch gut,
niemand kommt zu Schaden. Dann eine zweite Übung. Es
geschieht nichts und dies macht »uns« (die Verteidiger)
nervös, die Angreifer haben vielleicht einen perfiden Plan.
Ich inspiziere einen Kellerraum und entdecke verdächtige
Spuren an der Wand und einen verdächtigen Geruch. Die
Vermutung ist, dass die Angreifer das ganze Haus präpariert
haben & es im Ganzen[220] abbrennen soll. Wie sich dagegen
wehren? Ich berichte dem (informellen) Einsatzleiter von
der Entdeckung und er sagt, auch andere würden das ver-
muten und hätten Spuren gefunden. Es sei noch Zeit zur Abwehr, weil wir den Plan früh genug aufgedeckt hätten. Eine
kleine Gruppe von Leuten, denen ich mich anschließe, ver-
lässt[221] das Haus, denn wir finden, dass dies kein Spiel mehr
sei, der Plan der Angreifer war zu perfide, zu gefährlich. Wir
kommen zu einer Bar, dort herrscht dann angespannte Aus-

218 Im Tagebuch: »seines«.
219 Im Tagebuch: »Teil«.
220 Im Tagebuch kleingeschrieben.
221 Im Tagebuch: »verlassen«.

gelassenheit, denn was passiert mit den Zurückgebliebenen? Keine Sirenen, kein Feuer, wird also nichts passiert sein. Ich bin desertiert,[222] denke ich unbehaglich. Dann nähern sich singende Leute (wohl »*Sixteen Tons*« – I sold my soul at the company store), ich singe erleichtert mit, denn das zeigt ja, dass ihnen nichts passiert ist. Als sie so nahe sind, dass ich sie erkennen kann, wird mir klar, dass es ganz andre Leute sind, als die, die im Haus die ›Verteidigungsübung‹ abgehalten haben. Es sind Schwarze, die ausgelassen und fröhlich näher kommen und singen und singen.[223]

16.11.2014

Es ging um einen Text von Goodman oder mir oder über Goodman oder mich, eine dumme Kritik, eine Anmerkung, einen Nachweis eines Zitats, ob ich den in die Anmerkung verschiebe. Dann ging ich mit Gaby. Sie hatte etwas bei einer Frau (Klientin? Auftraggeberin?) abzugeben & ich wartete draußen. Ich wurde unruhig, weil es so lange dauerte, aber war mir nicht sicher, ob's wirklich lange dauerte oder ich nur ungeduldig war. Ich ging durch den Hausflur und dachte, warum ich nicht mit reingegangen bin. Anstatt zu klopfen, nehme ich aber den Hinterausgang. Vom Innenhof konnte man in die Wohnung (Küchenfenster)[224] schauen und ich sah, dass sich Gaby gerade verabschiedete, ich ging zurück in den Hausflur, wo Gaby gerade aus der Tür kam. Nun hatte *ich* etwas bei jemandem abzugeben. Ich kannte ihn flüchtig, wir waren per Sie, er ca. 10 Jahre älter als ich. Wir reden 'ne Weile und ich dachte, jetzt lasse ich Gaby warten, wusste nicht, wie lang wir schon geredet hatten. Ich verabschiedete

---

222 Im Tagebuch am Rand: »›desertieren‹ – Joschka? – ich?« (Sinn der Randbemerkung nicht mehr klar.)
223 Im Tagebuch am Rand: »Dieser Traum bereitet mir im Wachen ein Unbehagen und Abwehr, ihn zu deuten ...«
224 Im Tagebuch am Rand: »hell erleuchtet (Licht an)«.
225 Mein jüngerer Sohn. (Er aber *hat* eine militärische Ausbildung.)

mich, wir vereinbarten ein Treffen, ich fragte nach seiner Telefonnummer, aber die hatte ich schon in den Unterlagen. Etwas beunruhigt & mit schlechtem Gewissen trete ich hinaus. Und da steht Gaby vor einer großen Fensterfront eines Geschäfts, die Sonne scheint sie an und sie lächelt mir zu.

17.11.2014

Eine Wiese. Eine Person (Leon?)[225] droht, eine andere Person (mich?) zu erschießen und fuchtelt mit einer Pistole. Aber ich weiß, dass er nicht schießen (zielen) kann, laufe im Zick-Zack. Es bleibt unklar, ob die fliehende Person ich bin oder eine andre, die ich leite. Teilweise gibt es eine fliehende Gruppe. Wir laufen den Weg lang und haben einen Vorsprung, Leon setzt uns hinterher. In dem kleinen Städtchen gibt es einige Verzögerungen und ich leite die Gruppe so, dass der Verfolger nach kurzer Zeit die Fährte verliert. Wir kehren zu der Wiese zurück und mit den anderen, die dort sind, wollen wir ins Haus. Ich haben einen Einfall, wie dem Verfolger mit einem zwingenden Grund bewiesen werden kann, von seiner Verfolgung abzulassen und es gibt keine Bedrohung mehr.
Szenenwechsel. Dieselbe Person und ich, mit noch jemandem, den ich beobachte, an einer Mole in einem Hafen. Es ist Nacht. Wir müssen uns gegen Angriffe verteidigen, aber es schaut ziemlich hoffnungslos aus, die Leute sind bedrückt. »Die Person«, nun im Taucheranzug, geht in das Wasser, macht den tollkühnen Versuch, einen anderen Steg zu erreichen und dort eine Angriffsmaschine außer Gefecht zu setzen. Die Person (die ich jetzt beobachte) kehrt zurück, hat es fast geschafft. Erneuter Versuch. Wieder kehrt sie [sic] zurück und erklärt, noch einen Versuch starten zu wollen. Dadurch inspiriert, folgen wir ihm [sic] und es ist klar, dass wir gewinnen werden. (Szene in etwa wie in »*Du sollst nicht töten*« [S. 67].)

20. 11. 2014

Ich träumte, dass ich Disney-Figuren von REWE sammele. Ich hatte einen ganzen Beutel voll mit den Packungen und überlegte, dass ich ja noch gar nicht wisse, welche selten und wertvoll seien.

Von dem komplexen & interessanten Traum gestern wusste ich zuerst noch Bruchstücke,[226] in der Zusammenfassung klafften aber so viele Lücken, dass nicht mehr deutlich war, was ihn interessant macht. Sauer darüber, ihn vergessen [sic] zu haben, schrieb ich nichts auf.

23. 11. 2014

Ein langer »Flur« mit einer Auto-Ausstellung, bei der ich wohl mitgewirkt habe. Jedenfalls stelle ich zwei historische Porsches zusammen, etwas netter angeordnet als einfach nebeneinander (damit sie sich unterhalten können). Weiter hinten treffe ich auf einen dritten, der zu der Gruppe passen würde. Ich schiebe ihn in die Richtung; der Weg wird von Leuten oder Sachen blockiert, sodaß ich einen Nebenweg nehme, doch dort ist eine Art Kneipe oder Café dazwischen. Leute rücken Stühle hilfsbereit zur Seite, dann kommt aber ein Knick, um den der Porsche sich nicht herumschieben lässt. Ich hebe ihn hoch (er ist leicht wie Papier) und reiche ihn über eine Art von Tresen auf die andere Seite, wo ihn Raoul[227] annimmt und ihn zu den beiden übrigen Porsches stellt. Später fahre ich mit einem alten Hanomag-Dreirad-Kleinlaster, an dem das Schild hängt: »Stehlen lohnt sich nicht, es gibt 5 Kopien.« Schrift wie es in den 1950er Jahren üblich war. An einer »Kopie« fahre ich vorbei; sie ist für Filmaufnahmen hergerichtet, blitzblank, neu lackiert, mit vielen Chromteilen. Ich denke, man braucht ja solche Autos für Filme, die früher spielen. Aber wenn sie »so« aussehen,

---

226 Im Tagebuch klein geschrieben.
227 Mein älterer Sohn.

denken die Leute, dass Autos wirklich *so* ausgesehen haben, damals.

25.11.2014

Einen Traumrest über ein oder 2 Aufwachphasen hinübergerettet, vor allem die Idee, was die Wunscherfüllung war. Ich befehlige – mit einem Assistenten – die Verteidigung gegen irgendwelche Angreifer (nicht sichtbar). Dann sollen die Verteidiger ein Tunnelsystem in Kreisform anlegen, ich bleibe jedoch mit dem Assistenten überirdisch. Gedanke beim ›Zwischenaufwachen‹, dass es sich darum handelte, Dichtung und Dichter als wirksam[228] und wehrhaft darzustellen.

26.11.2014

Mir träumte, dass durch eine Ver/Umschreibung des Wortes »Sadist« mir ein so mächtiges Wort gelungen / an die Hand gegeben sei, dass es gar in der Lage wäre, den Nahostkonflikt zu lösen. Ich müsse es unbedingt behalten. Beim Aufwachen gelang es mir nicht, es zu ›rekonstruieren‹ und ich war *sehr* enttäuscht.

01.12.2014

Die nasse Schale – von dem schiffbrüchigen Flüchtling – in der Hand.[229] Draußen auf dem Hof, ich sehe durchs Fenster, üben Kinder unter Anleitung von einer (Kindergärtnerin) Lehrerin ein Lied. Drinnen verkaufen wir Bücher, die von E. verkaufen sich gut, meine nicht. Es ist Mitternacht und es klingelt. Wir sind noch wach und ich gehe, mich fragend, wer jetzt noch klingelt/kommt, an die Gegensprechanlage. Es meldet sich niemand. Ich rufe zu Gaby ins Wohnzimmer: »Keiner da.« Und sehe aus dem Spion. Dunkel. Dann hell.

---

228 Im Tagebuch groß geschrieben.
229 Sinn des Bildes nicht mehr klar.

Schritte. Jemand muss der Person aufgemacht haben. Ich denke, wer das wohl war und dass ich es nicht getan haben würde, mich erst erkundigt hätte, worums geht. Beunruhigt erwacht. Dann ein Verwirrungstraum. Den Weg vom Veranstaltungsraum ins Hotel kenne ich inzwischen. Aber jetzt befinde ich mich aus irgendeinem Grund woanders, es geht durch Türen und Flure, ich weiß, dass es nicht einfach ist, die richtige Treppe runter zu finden, bin schon hier gewesen. Es geht durch lange Flure, den besseren Teil des Hotels (oder Krankenhauses) mit Teppichböden, Brokatsesseln usw. Die Stimme (einer Putzfrau?) fragt, ob ich Hilfe brauche; die Stimme kommt aus einem Zimmer. Ich ziehe den Kopf ein, eile weiter, murmele, dass ich schon zurecht komme, überlege, was ich fragen solle, denn mir fällt die Zimmernummer nicht mehr ein, aber den Gang würde ich wieder erkennen, bin ja jetzt schon auf der richtigen Etage, noch um eine Ecke, und dann werde ich (wahrscheinlich, hoffentlich) da sein.

02.12.2014

Ich erkläre der Versammlung, die Organisation müsse auch für die Faschisten offen sein – ungläubige Blicke, Gemurre, Kopfschütteln. Wir können doch nicht, sage ich, einerseits versuchen, Faschisten davon zu überzeugen, dass ihr Weg falsch ist, und anderseits denen, die wir überzeugt haben, den Zugang zur Organisation verwehren. Zustimmung. Den ganzen Traum über führe ich eine große und mächtige Organisation einer großen und mächtigen Bewegung.

Vor ein paar Tagen: D. zeigt Filmausschnitte, politische Nachrichten, er scrollt hin und her, kommentiert hier und da. Es geht darum, einem sozialdemokratischen Publikum zu beweisen, dass die SPD als Partei genauso korrupt ist wie alle anderen. Wir gehen sehr behutsam um.

06.12.2014

Ich drehe allein, es ist dunkel, eine Runde. Komme auf einen leeren Bahnsteig, beschließe, doch wieder nach Hause zu gehen, allein macht es keinen Spaß. Ich merke, dass ich die Hauspantoffeln anhabe (ein früher öfter geträumter Traum, manchmal: bloß/nur Strümpfe), in denen ich so schlurfig geh. Ich denke: »Was mache ich nur/bloß, wenn ich (weg-) laufen muss?« Dann nehme ich sie in die Hand und laufe auf Strümpfen weiter. Auf dem Rückweg über einen zunehmend steileren und engeren Weg gibt es Gedränge. Eine Frau, die ich mit der Hand beim Vorbeigehen streife, missbilligt das. Ich weiche auf die Steine aus, da kommt mir ein großes, weißes Schwein entgegen, das grunzt. Ich merke, dass ich keine Angst haben muss, weil das Schwein Angst vor mir hat und ausweicht. Es klettert über die Steine wie eine Ziege. Oberhalb stehen noch andere, grau-braune Schweine und grunzen, bis ich realisiere, dass sie sprechen. Die Sensation: Sprechende Schweine!

07.12.2014

Auf dem Küchen/Esstisch lag ein geöffneter Brief, mehrere Blätter, von R. Er hatte einige meiner Bücher vorbereitet für eine Meldung an irgendeine Stelle, von der Verbreitung zu erwarten sei – ich musste nur noch unterschreiben.

11.12.2014

Ich gehe eine Straße entlang nach Hause. In einem Hauseingang sitzt Gaby und fragt, wie ein Poetry-Slam organisiert ist. Neben ihr sitzt Jemand (Mann? Frau? Kind?) und spielt mit einer Katze (weiß, mit einige schwarzen Flächen), aber so, dass er/es sie zu Kratzreaktionen provoziert.[230] Empört

---

230 Im Tagebuch am Rand: »Die Ex provozierte ihre Katze zum Schlagen, worüber ich mich tierisch aufregen konnte, weil sie echte Kratzer abkriegte und die Katze richtig ›ärgerlich‹ gewesen zu sein schien.«

gehe ich mitten im Satz weiter und sage: »Leute, die Katzen quälen, kann ich nicht leiden.« Zu Hause zurück spreche ich mit Sophie.
Anmerkung zu der Szenerie: Dunkel (Nachmittag/Abend), spärliches Licht. Straße und Wohnung sind mir im Wachen unbekannt, im Traum bekannt. Ich habe Gabys Mantel in der Hand und weiß nicht recht, wo ich ihn hinhängen[231] soll und denke, Gaby kann ihn dann ja, wenn sie zurückkommt, dahin hängen, wo er hingehört. Ich höre den Schlüssel und Gaby kommt. Ich freue mich und denke, dass ich den Satz jetzt zuende sprechen kann.[232]

22.12.2014

Ich bin in einem Seminarraum. Zu dem Seminar sind nur zwei Leute erschienen, zu unsrer (meiner + Gabys) Enttäuschung. Gaby und noch jemand (P.?). Es ist eine Reihe von Seminaren und es ist nicht der erste Termin. Mitten in einer spannenden Interpretation eines Textes kommen etliche Leute unterschiedlichen Alters (ca. 30) in den Raum. Gaby und P. fühlen sich sehr gestört und sind empört. Ich weiß zuerst nicht, wie ich die Situation meistern soll. Dann sage ich: »Dies ist ein Seminar-, kein Kaffee-Raum. Wer nur Kaffee trinken will, der soll bitte gehen.« Ein paar Leute gehen. Zu dem Rest sage ich: »Das Seminar hat schon begonnen, Sie können hier nicht einfach reinplatzen. Ein Text versteht sich nur im Ganzen.« Die Leute gehen, murren aber.
Später in einem anderen Raum (Sprechzimmer?) kommen die Leute und beschweren sich. Eine Frau jammert in ein Handy, dass sie nicht früher losgekommen sei usw. Ich erkläre, dass es nicht nur um das Zuspätkommen ginge, viel-

---

[231] Überschrieben: »aufhängen«. Und am Rand: »Garderobenhaken im Flur: Das einzige Element, das im Traum genauso ist wie in der Realität.«
[232] Im Tagebuch am Rand: »Die Freude im Traum bezieht sich hauptsächlich auf ihre Rückkehr, nicht vornehmlich auf das Zuendesprechen des Satzes.«

mehr auch darum, dass bereits etliche Sitzungen vorausgegangen seien und wiederhole, dass man es nicht erwarten könne, einen Text an einer beliebigen Stelle anfangend zu verstehen. Nach und nach gehen die Leute. Die letzten kündigen an, sich höheren Ortes zu beschweren. Ich denke, sie haben meine Tasche mit dem Geld gestohlen, laufe rein und raus, bin aufgeregt, aber als Gaby kommt, merke ich, dass das Geld doch da ist. Ich will den Raum abschließen, ein paar (3?) Aliens machen aber noch Liegestütze. Ich weiß nicht, ob ich trotzdem abschließen kann. Wen fragen?
Szenenwechsel. Mittelstreifen einer Autobahn, Leute fragen mich etwas, ich weiß die Antwort aber nicht. Gehe weiter. Dann fällt mir die Antwort ein und ich kehre um. Von der Fahrbahn wechsele ich hinter die Leitplanke, weils sicherer ist (ich gehe der Fahrtrichtung entgegen). Es ist Nacht. Aber das Autobahnkreuz ist hell erleuchtet. Die Leute sind schon nicht mehr da. Es fahren nur wenige Autos. Umsichtig überquere ich die Fahrbahn.
Beim Wiedererzählen nach dem Aufwachen, um den Traum nicht zu vergessen, formuliere ich so: »Und zum krönenden Abschluss der dritte Teil ...«
Während ich das denke, vergesse ich den dritten Teil, weiß nur mehr, dass es um eine geniale Erfindung ging und mit Blechbiegung zu tun hatte.

31.12.2014

Im Traum hatte Gaby zugestimmt, ihren Ex vorübergehend in unserer Wohnung aufzunehmen, weil er sonst keine Möglichkeit zu wohnen hatte. Der Traum setzt am ersten Tag ein. Ich spreche mit ihm, aber dann geht er, vermutlich zur Arbeit. Ein junger Mann redet mit Gaby, er fragt, wo etwas hin solle. Gaby zögert, mit mir darüber zu sprechen. Ich vermute, dass es um Möbel geht. Wohin damit? Es ist ja nicht einmal geklärt, wo ihr Ex schlafen soll ... Im Wohnzimmer, sonst gibt es keine Möglichkeit. Ich arbeite daran, zwei angefangene Gedichtbände zu einem zu machen. Doch hierzu muss ich etwas nachschlagen. Zuerst suche ich nach einer Mülltüte. Sophie flüchtet sich zu mir ins Zimmer. Ich steige eine sehr lange Wendeltreppe hinunter, so eng, dass ich mit dem Bauch ans Geländer stoße. Bald werde selbst ich zu dick für sie sein, dachte ich. Auf dem letzten Absatz wird die Treppe breit, es sieht in etwa so aus wie in Bünde, dem Haus meiner Großmutter (mütterlicherseits). An dem Absatz befindet sich ein Herd, der rauf (oder runter) gebracht werden soll. Auf ihm stehen Tassen; beim Transport muss der Herd also ganz gerade gehalten werden.

Im Radio gibt's ein Interview mit Gabys Ex; er wird gefragt, wie er dazu steht, dass es in Bad Ischl heißt, er bekäme eins aufs Maul, wenn er die Stadt nicht verlasse.

(Den letzten Absatz erzähle ich nach dem Aufwachen nicht Gaby, trotzdem zieht sie sofort eine Parallele dazu, dass ihr Sohn Ende Januar vorübergehend zu uns zieht.)

02.03.2015

Ich träumte: Dass ich exekutiert werden sollte. Mit einigen andern. Zusammen mit den andern kauerte ich mich, damit es wenigstens nicht kalt sei, und schloss die Augen. Ich überlegte, ob ich einschlafen sollte, um nichts zu merken; aber das ging dann doch nicht. An was sollte ich denken, denn bald sei es vorbei? Nie würde ich es zuende denken können, warum also damit anfangen? Während ich so dahin dachte, verstrich die Zeit, doch nichts geschah. Schließlich öffnete

---

233 Im Tagebuch: »ich«.
234 Als meine Eltern 1970 nach Münster zogen, teilte ich erst mit meiner Schwester das Zimmer, dann bekam ich ein eigenes im Souterrain. In der Agentur zog ich einmal um, von einem Zimmer unten in das Atelier oben.
235 Im Tagebuch am Rand: »Schüler vom Vater. Geliebter meiner Mutter. Linker.«
236 Im Tagebuch am Rand: »siehe unten«.

ich die Augen, etwas furchtsam, um festzustellen, dass die[233] Exekution nicht mehr stattfinden würde. Jemand (im Traum wusste ich, wer) hatte die Schergen überzeugt, den Befehl zu verweigern und die ganze Szenerie verwandelte sich in eine Party.

10.04.2015

Traum gestern: In einem Haus (mir wach unbekannt). Mein CD-Spieler ist kaputt gegangen, also die Boxen. Ich meine, »oben« habe ich noch Teile. Um dorthin zu gelangen – »dort« wohnt meine Schwester – muss ich über eine Leiter. Der Flur besteht aus Holzbohlen, an denen gearbeitet wird. Eine Bohle ist herausgenommen und ich denke, die Stelle solle gesichert werden, damit niemand abstürzt. Ein Handwerker kommt, ich weise ihn darauf hin. Er rechtfertigt sich, indem er sagt, er werde die Bohle gleich wieder einsetzen. Das Zimmer, in welchem ich nach brauchbaren Teilen für den CD-Spieler suche, sieht noch so aus, wie ich es verlassen habe, bevor ich nach »unten« umzog. Es war mein Arbeitszimmer (Agentur).[234] Ich wundere mich, dass m.e Schwester nicht auf- und umgeräumt hat. Inzwischen war ich nicht mehr sicher, was für ein Teil ich brauchte, will wieder hinunter, um nachzuschauen. Auf dem Weg treffe ich A.[235] Zu meiner Überraschung schwärmt er von der gutaussehenden AfD-Politikerin oder PEGIDA-Repräsentantin (ca. Beatrix von Storch; vgl. *mhd* ›storchen‹). Schließlich erscheint sie; und sie, A., Gaby und ich hören einem Mann zu, dessen Kopf zwischen schwarzen Vorhängen hervorlugt. Wir sind sehr ergriffen. Den Körper sehen wir nicht.
Traum heute: Gaby und ich reisen mit einer Reisegruppe. Das Flugzeug muss außerplanmäßig zwischenlanden und wir werden eine Nacht in einem Flughafenhotel verbringen. Durch eine Assoziation ausgelöst, will ich eine Geschichte aus der Agenturzeit[236] erzählen, werde jedoch immer wieder

unterbrochen und komme bis zum Ende des Traumes nicht zum Ende. Außerdem schiebt sich eine zweite Geschichte dazwischen, die nicht-real ist.[237]

Eine erste Unterbrechung ist, dass wir zum Essen müssen. Nach dem Essen kommt die Kellnerin, fragt, ob wir noch etwas trinken wollen, zählt das, was es gibt, sehr schnell auf. Gaby fragt mich, ob ich nicht Grappa bestellen wolle. Ich sage, Grappa habe die Kellnerin nicht erwähnt. Ein Kellner gibt mir die Getränkekarte, sie ist aber unübersichtlich und unklar, besteht aus ›asiatischen‹ Schriftzeichen (zwar nicht chinesisch, aber tibetisch oder Sanskrit).

Dann beginnt ein Animateur, ein Lied zu singen. Gruppe beschließ, das nicht zu brauchen und stattdessen in die Hotel-Zimmer zu gehen. Die meisten wollen fernsehen. Ich gehe vor und halte die Tür auf. Ich wusste, wer singt, aber als mich eine Teilnehmerin fragt, erinnere ich mich nur noch an den Vornamen. Gaby kommt nach und hat eine Spielebox mit Schach, weil wir ja kein TV sehen wollen. Auf der Box steht, dass es das meist ausgeliehene Spiel des Hotels sei. Die Teilnehmer nicken verständig, ich denke aber, dass ich lieber Go hätte.

Geschichte 1 (real): In der Agentur (CD!) haben wir einen schwierigen Auftrag produktionsreif. Ich gebe das Datenmedium (»optisch«) an die Auszubildende. Sie ist sehr gut, ehrgeizig und nett. Es gibt ein Missverständnis und sie löscht die freigegebenen Daten anstatt der vorläufigen. Als wir den Fehler bemerken, biete ich ihr an, dass ich niemandem etwas davon sage, wenn sie mir hilft, die letzten Versionen zu rekonstruieren. In einer Nachtschicht bis zum frühen Morgen schaffen wir es und der Auftrag wird fehlerlos abgewickelt.

Geschichte 2 (nicht-real): Vor einer Gruppe v. Therapeuten erwähne ich den »Fall« (welchen?) einer Affäre zwischen einem Therapeuten (m? w?) und einem Klienten (w? m?). Anstatt sich hiermit wie auch immer auseinanderzusetzen, schweigen sie peinlich berührt, und sie übergehen den Fall. (Mich empört nicht der Fall selber, sondern dass er nicht angeschaut wird.)

   11.04.2015 [Letzte reguläre Eintragung]
Eine merkwürdige Parallele in den letzten Wochen: Gaby träumte den einen Tag, schwanger zu sein. An einem andern träumte ich, dass Gaby ein Kind bekommen habe.[238] Ich ging mit ihm an der Hand Treppenstufen hinab (so wie bei der Post in Pankow). Überrascht stelle ich fest, dass es ganz schön sei, noch so ein kleines Kind zu haben, und überlege, dass ich Gaby fragen sollte, wer der Vater des Kindes sei.[239] Das jedoch würde sie in Verlegenheit bringen – vielleicht also doch nicht fragen, es lieber sein lassen?

      Zusatz.
Erleben beim Abtippen und Korrekturlesen: Manche Traumbilder erscheinen erneut, andere nicht. Generell mehr und weitere Assoziationen als während des ursprünglichen Eintragens in das Tagebuch. Bei einigen Träumen Widerstand, sie wieder und wieder zu lesen. Gewisse gefallen mir aber ausnehmend prächtig.

---

237 Im Tagebuch am Rand: »siehe unten«.
238 Im Tagebuch am Rand: »sie ist sterilisiert«.
239 Im Tagebuch am Rand: »ich bin sterilisiert«.

AUS MEINEM TRAUMTAGEBUCH 6
STATT NACHWORT

Aaron	85
Abraham	81
Adorno, Theodor	13, 79f, 90
Ambrosius von Mailand	91
Artemidoros aus Daldis	32
Assad, Asma und Baschar	7
Assmann, Jan	82, 88f
Baldridge, Nils	73
Birbaumer, Niels	69
Blankertz, Herwig	29
Bocian, Bernd	27
Born, Jan	29, 64-68
Caligula	89
Celan, Paul	30
Damasio, Antonio	73
Dawkins, Richard	84
Deserno, Heinrich	47
Doubrawa, Erhard	35
Dutli, Ralph	30, 78
Echnaton (auch Amenhotep)	81
Eco, Umberto	40f
Einstein, Albert	17, 19
Eissler, Kurt	13
Erikson, Erik	47
Faraday, Ann	42f, 74f
Friedlaender, Salomo	66f
Goodman, Paul	11, 14, 23f, 27f, 33, 35, 53f, 67, 81, 108
Grubrich-Simitis, Ilse	86ff
Hall, Calvin	42f
Hegel, G. F. W.	15, 77
Hippokrates	35
Husserl, Edmund	42
Isaak	81, 88
Jung, C. G.	31, 49, 61
Katz, Sander	67
Konstantin der Große	89
Kramer, Milton	72f
Kropotkin, Peter	13
Lacan, Jacques	40
Luther, Martin	82f
Mandelstam, Ossip	30, 78
Marcuse, Herbert	14f
Marcuse, Max	41
Michelangelo	85ff
Mose	81, 83, 85ff, 89
Nero	89
Papst Julius II	86
Perls, Fritz	23, 26ff, 33, 49, 74
Perls, Laura	16, 23, 26ff
Pirinçci, Akif	99
Plato	53f
Pol Pot	21
Popper, Karl	25
Prollius, Michael von	100
Rauch, Judith	65
Reich, Wilhelm	13f, 24
Sappho	82
Scheuer, Oskar Franz	41
Schieder, Rolf	82
Schmidt, Arno	32
Schmidt, Robert	69
Schneider, Kristine	37
Schulte, Günter	87
Selg, Herbert	40f, 58
Sigrist, Christian	105
Simon, Paul Max	33
Sokrates	92
Solms, Mark	68
Städtler, Thomas	66
Stalin, Josef	80
Stein, Dieter	94
Stein, Edith	58
Stekel, Wilhelm	16, 91
Stoehr, Taylor	35, 81
Storch, Beatrix von	117
Tertullian	85
Trotzki, Leo	80
Vargas Llosa, Mario	6
Werfel, Franz	6, 21
Whitman, Roy	72
Wilson, Edward	60-65

ZITIERTE FREUD-SCHRIFTEN:

Bemerkungen...	33, 36, 40, 57
Beziehung Symbol u. Symptom	41
Handhabung...	38, 52
Jenseits des Lustprinzips	18f, 70
Mann Moses...	87, 89
Metatheoretische Ergänzungen...	51
Moses des Michelangelo	85-89
Revision der Traumlehre	71
Traumdeutung	6, 31-77
Unbehagen...	12-20, 23, 41, 82
Warum Krieg?	17ff

Gabriele Blankertz

Kontakt gestalten
Wege zur Heilung

»Das kleine Buch von Gabriele Blankertz – eine Darstellung ihrer gestalttherapeutischen Arbeit anhand von Fallvignetten, die sie einerseits lyrisch und andererseits theoretisch einbettet –, ist für KlientInnen, die etwas über die Praxis von Gestalttherapie erfahren wollen, einladend und anregend. [...] Im gesamten Buch gibt es berührende Momente, in denen, wie die alten Griechen sagen, der Gott erscheint, wenn TherapeutIn und KlientIn sich begegnen, in gestalttherapeutischer Sprache: in vollem Kontakt Figur und Hintergrund eins werden.
Als Leserin erlebe ich ein Angesprochen-Sein – ein unbestimmtes Sagen ohne bestimmte Aussage, einen Modus des Dazwischen.«
Aus dem Nachwort von Ruth Reinboth

Gabriele Blankertz, 1964, Gestalttherapeutin in freier Praxis, Mitgründerin des Berliner Gestaltinstituts »In Kontakt« und des Berliner Gestalt-Salons.

[edition g. 401] ISBN 978-3-7347-8805-5

Stefan Blankertz

Das Maodeking
Gebet für Eutimio Guerra

Lebe dein Trauma! *Das Maodeking,* ein postmodernes Weisheitsbuch. Eutimio Guerra ist der erste Mensch, den Che Guevara ermordet hat. Über Che Guevara ist viel geschrieben worden. Was dagegen über Eutimio Guerra? Immer noch werden die Opfer des angeblich wohlmeinenden und nur abgeirrten Kommunismus als Opfer zweiter Klasse gegenüber Opfern des Nationalsozialismus und Faschismus behandelt.

Gegen solche menschenverachtende Haltung ist *Das Maodeking* angeschrieben. — Quintessenz: Gleichheit und Altruismus töten, Egoismus würde Leben retten. Eine Montage von lyrisch verfremdeten Zitaten aus dem *Tao te king* (Daodejing), der *Bibel,* dem *Koran,* aus dem Kriegstagebuch eines unbekannten Soldaten irgendeines Schlachtfeldes im 20. Jahrhundert, von Joseph Stalin und Mao Tse-tung über Heinrich Mann und Heinrich Himmler bis zu Ernesto Che Guevara und Jean Paul Sartre, konfrontiert mit all den grausigen Fakten der massenhaft durch den Staat aufgrund wohlmeinender Ideologien Ermordeten — das ist *Das Maodeking:* Ein empörter Aufschrei gegen das Morden im Namen der »Menschlichkeit«.

[edition g. 308] ISBN 978-3-7322-9602-6